COLLECTION SOMBRES CLIMATS

SOMBRES CLIMATS :

Ensemble des conditions dans lesquelles on vit, et qui ne laissent aucune place à l'espoir.

Larousse 1997

1. *MESSAGE COFACE À PÉKIN*
Remi Gedoie
– Guerre des polices à Pékin –

2. *LA NOTE NOIRE*
Hervé Mestron
– La musique n'adoucit pas les mœurs –

3. *INTIMITÉ D'OGRESSES*
Sylviane Doise
– Mère et fille, la haine ? –

4. *C'EST JUSTE UNE BALADE AMERICAINE*
Guillaume Nicloux
– Sectes, cassettes vidéo etc... –

– C'est sans aucun intérêt, remarqua l'abbé.
À quoi bon connaître le nom
si l'on sait ce qu'est la chose ?
– C'est utile pour la conversation.
Boris Vian, *L'Automne à Pékin.*

Il est tragique de penser que le premier homme
qui a posé, d'un geste négligent,
une targette sur la porte de ses toilettes,
a sonné le glas de la démocratie.
W. Somerset Maugham,
Democracy « On a Chinese Screen ».

SERVICE DES EMPLOYÉS AU HACHIS ET AUX PÂTES
Un eunuque
Vingt femmes au hachis
Quarante condamnés
Le Livre des Rites des Tcheou. (XIIe av. J.C.)
traduit par Edouard Biot, Imprimerie Nationale.

L'homme blanc possède une qualité
qui lui a fait faire du chemin : l'irrespect.
Henri Michaux, *Un Barbare en Asie*

Jeudi 24 octobre 1996, 16 heures. Zhong Nan Hai, Siège du Gouvernement Central. Bâtiment nord IV-A.

Les volutes de fumées, contrariées par la chaleur oppressante de la pièce, stagnaient à mi-hauteur auréolant chaque fumeur d'un nuage bleuâtre. De lourds rideaux d'un beige crasseux obscurcissaient les quatre grandes fenêtres. Une rangée de néons criards éclairait la longue table de conférence recouverte d'un tapis vert semblable à celui des billards. D'énormes cendriers en cristal, remplis à ras bord de mégots et de cendres, indiquaient clairement que la séance durait déjà depuis de longues heures.

– L'attaque interviendra au cours d'une de nos grandes manœuvres qui paradoxalement, correspondent à une vigilance moindre de nos adversaires, plus soucieux de connaître nos progrès sur le plan militaire que de se protéger d'une éventuelle attaque à laquelle ils ne croient plus guère. Les troupes d'élites profiteront de l'effet de surprise pour se parachuter sur l'ensemble des aéroports militaires et sur les trois principales bases de blindés de l'île dès le début des tirs de missiles. La destruction simultanée de l'ensemble des pistes devrait nous donner durant les premières heures du combat une supériorité aérienne incontestée. Le gazage de toutes les installations aériennes nous permettra de récupérer intactes

la plupart des escadrilles, en particulier les premiers Mirage 2000 et F-16 qui auront été livrés par la France et par les États-Unis. Nos pilotes s'entraînent déjà sur des simulateurs de vol fabriqués à partir des informations collectées par nos réseaux de renseignements. La destruction de toutes les voies de communication aux abords des grandes agglomérations facilitera la consolidation des trois têtes de ponts. Nous devrions être en mesure de débarquer 400 000 hommes dès les trois premiers jours grâce à nos barges tractées actuellement en chantier.

L'opération Réunification repose donc sur deux paramètres essentiels : la maîtrise totale de l'espace aérien et le contrôle d'installations portuaires intactes. Ceci n'est réalisable que si nous pouvons allier, à la surprise et à la vitesse, une force de frappe capable d'annihiler les défenseurs des installations sans détruire ces dernières. Nous ne disposons que de deux armes capables d'atteindre cet objectif : la bombe à neutrons et des projectiles à gaz de combat. Le recours à l'arme nucléaire a été écarté... trop meurtrier ; il ruinerait, et pour longtemps, notre position internationale. Par contre, nous serons très prochainement en mesure de produire un gaz de combat révolutionnaire... si j'ose m'exprimer ainsi... capable de neutraliser nos adversaires en quelques fractions de secondes mais qui présente l'immense avantage de se détruire à l'air libre après quelques minutes en écartant tout danger pour les nouveaux occupants et pour les populations qui pourraient se situer dans la trajectoire des vents. L'usage de ce gaz de combat nous permettra de faire pencher en notre faveur la suprématie aérienne et de disposer des moyens adéquats de débarquement pour assurer la continuité de notre action avant que l'ennemi n'ait eu le temps de se ressaisir. Taïwan réintégrera alors la Mère Patrie conformément aux vœux les plus chers de sa population écrasée sous le joug du gouvernement fantoche qui l'opprime.

Le Général Meng venait de finir son exposé.

Les auditeurs hochèrent la tête, partagés entre la perplexité et le scepticisme. Personne ne se hasarda à émettre la moindre remarque avant de connaître la réaction du Secrétaire général du Parti.

Ce dernier apostropha le vice-premier ministre Hu, en charge de cette opération :

– Quand serons-nous prêts sur le plan militaire ?

– L'usine devrait être en état de fonctionner dès les premiers jours de 1997. Les unités s'entraînent depuis de longs mois. La première date favorable pourrait être le 5 avril prochain, jour de la Fête des Morts. Tous les gens sont alors en congé et nettoient leurs tombes à Taïwan comme dans le reste de la Chine. Le potentiel de réponse sera alors réduit au minimum.

– Les Américains ?

– L'opération démarrera trop rapidement pour qu'ils puissent réagir. Ils se trouveront devant le fait accompli avant même qu'ils aient pu mettre en alerte la VIIe Flotte. Le Département de la Propagande se chargera ensuite de souffler le chaud et le froid pour les tenir à distance. Nous devrons nous attendre à une condamnation de la communauté internationale dont il ne pourra rien sortir de bien dangereux sur le plan politique et militaire : assurément des mesures de rétorsion économique plus importantes que celles prises en 1989, après l'opération de maintien de l'ordre sur la place Tiananmen. Elles devraient, comme dans le passé, s'estomper très rapidement à l'instigation des investisseurs étrangers qui exerceront au fil des mois les pressions nécessaires sur leurs gouvernements respectifs.

– L'ONU ?

– C'est une opération de police intérieure, il n'y a aucune raison pour que l'ONU intervienne.

Quelques généraux posèrent à leur tour des questions

pour obtenir des renseignements supplémentaires puis le Secrétaire général du Parti reprit la parole :

– Nous vous remercions, Camarade Hu, pour ces précisions. L'opération Réunification est primordiale pour le développement futur du Parti et pour la cohésion nationale. Le retour de Taïwan à la Mère Patrie représente le désir le plus cher de tous les Chinois et une étape glorieuse de la Lutte du Peuple pour sa Libération. C'est aussi le dernier message du Camarade Deng qui nous ordonne de parachever son œuvre et celle du Président Mao, et de ranimer le flambeau de la grande épopée qui doit nous conduire à la victoire totale du Prolétariat.

Il ne faut pas craindre les dangers de cette entreprise, ni les cris indignés des réactionnaires du monde entier qui s'alarmeront de voir la Chine relever l'espoir suscité par le Drapeau Rouge.

Le Secrétaire général continuait sa harangue devant les membres du Bureau permanent élargi ; les 17 membres les plus influents du Parti, leurs suppléants et les principaux chefs des armées.

Hu l'écoutait d'une oreille distraite, savourant sa prochaine victoire. Il appartenait à la deuxième génération du Parti, celle qui n'avait connu ni la Longue Marche ni les purges de Yanan. Il avait grandi dans le sérail et avait gravi les échelons un à un, avant de se voir offrir ce poste de vice-premier ministre, membre du Bureau permanent, l'un des hommes les plus puissants du pays… et bientôt le plus puissant. L'opération Réunification lui offrait la chance inespérée de se débarrasser sans risque de tous ses adversaires politiques et de gagner la vénération du Peuple chinois en prime ! Napoléon, son héros favori, avait aussi saisi cette chance. Hu avait lu tous les ouvrages traduits sur lui. Qing Ming Jie, la prochaine Fête des Morts, serait son 18 Brumaire.

La Chine, elle aussi, réclamait un dirigeant autoritaire et puissant, capable d'en faire la première puissance du troisième millénaire. Ces couards de conservateurs étaient prêts à sacrifier les acquits de quinze ans de réformes pour satisfaire des gueux et des réactionnaires ! Prêts à repartir quinze ans en arrière pour ne pas avoir à affronter les difficultés que provoquait l'irrésistible marche de la Chine vers son destin.

Il préparait patiemment sa future prise de pouvoir, qu'il avait baptisée opération Légitimité sous le couvert de l'opération Réunification.

Son plan était simple, il s'appuierait sur ses amis les plus fidèles, comme le Général Meng, Commandant en chef de l'Armée de l'air qui venait de résumer pour les membres du Bureau élargi les grandes lignes de l'opération qui pouvaient être dévoilées. Le Général, un vieux briscard d'origine cantonaise, se faisait fort d'emporter avec lui la totalité des forces aériennes mais aussi de réunir dans son sillage les populations du sud de la Chine, dont l'adhésion était vitale pour la réussite de ce coup d'Etat.

L'opposition ne devrait pas venir de la rue. La population, tiraillée entre réformateurs et conservateurs, était prête à s'offrir à celui qui aurait la force et l'autorité de faire disparaître la corruption qui rongeait tous les rouages du pays… quelle que soit sa bannière… Une grande campagne d'épuration suffirait pour emporter tous les suffrages.

Le seul danger résidait dans ses adversaires politiques, mais l'opération Réunification lui apportait la possibilité de les tenir en respect ou de les anéantir, s'ils s'aventuraient à vouloir lui résister.

La Chine avait grand besoin d'un renouveau charismatique pour lui insuffler de nouveaux enthousiasmes, de nouvelles bouffées d'exaltation. Redonner le goût de détruire et de reconstruire, d'aimer et de haïr, car, comme l'avait souligné le Président Mao lui-même, la Révolution est un drame passionnel !

Une gerbe d'applaudissements vint couronner sa méditation, au sommet de sa gloire. Il esquissa un sourire, en direction de ses admirateurs, qu'il ravala aussitôt, réalisant que ces acclamations étaient en fait destinées au Secrétaire général du Parti qui venait d'achever son discours.

Les membres du Bureau Permanent se levèrent d'un bloc pour suivre l'orateur vers la sortie.

Vendredi 25 octobre 1996, 4 heures du matin.
Vol Air France 128.

Grodaeg somnolait.

Le bruit continu des moteurs avait fini par vaincre l'inconfort du siège. Il se sentait détaché du monde.

– Je plane, pensa-t-il en souriant benoîtement. Son esprit s'accommodait de cette remarque pourtant banale à plus de dix mille mètres d'altitude mais tout son corps refusait cette torpeur trompeuse.

Il était mal à l'aise. Un faux mouvement réveilla la fourmilière installée dans son mollet gauche. Dépité, il tenta de s'étirer, mais ses jambes heurtèrent le dossier de devant. Décidément, ce demi-sommeil ne parvenait pas à être réparateur. Il se donna mentalement l'ordre de chasser les ballasts et de remonter en surface. Il inspira profondément et soupira avec force, cherchant le juron le plus approprié à ce réveil difficile et égrena une série d'imprécations toutes plus grossières les unes les autres.

Huang, son voisin, avait légèrement entrouvert le volet de son hublot et contemplait le paysage qui défilait lentement sous l'appareil.

– Tu as le réveil délicat, toi au moins! lui dit-il sans se retourner, fais moi penser à te demander de me répéter ta prière du matin plus lentement, lorsque j'aurai un stylo sous la main, car je n'ai pas eu le temps de tout noter.

Grodaeg lui jeta un œil torve mais ne trouva pas la force de répliquer.

Huang était son acolyte. Né en Chine de père chinois et de mère française, il avait grandi à Pékin et était aussi à l'aise dans les deux cultures; il était le complément parfait de Grodaeg qui malgré sa parfaite connaissance de la langue et du pays, n'aurait jamais pu se débrouiller seul dans les arcanes du système bureaucratique chinois.

Une poussée de nostomanie avait incité Huang à revenir s'installer en Chine, ce qui arrangeait Grodaeg : il fallait bien que quelqu'un se dévoue pour résider sur place afin d'assurer le suivi des affaires et Grodaeg n'était pas prêt à sacrifier le confort douillet de son appartement de Montmartre.

Le jour était déjà bien levé et le ciel sans nuages. Une vaste étendue désertique s'étalait à perte de vue; des reliefs rocheux semblaient lacérer des étendues sablonneuses aux dessins tourmentés; çà et là, des grandes taches blanchâtres se plaquaient au relief sans que l'on puisse vraiment deviner s'il s'agissait de neige, de sable, de sel ou de végétation.

Huang avait toujours les yeux rivés au hublot, son nez déjà naturellement plat maintenant complètement écrasé contre le verre.

– On dirait une moquette de dispensaire crasseux, dit-il à mi-voix sans qu'on sache s'il se parlait à lui-même ou s'il souhaitait faire connaître au monde les résultats de sa docte constatation. Grodaeg lui condescendit un regard affligé et soupira :

– Je sais pas si je suis vulgaire ou grossier quand je me réveille mais toi, comme poète, on peut dire que tu te poses là !

Huang parvint à hausser les épaules sans décoller le nez de la vitre :

– Je me demande bien ce que tu connais toi, à la poésie et aux moquettes de dispensaires ! Je suis pratiquement sûr que tu n'as jamais mis les pieds dans un dispensaire !

Piqué au vif, Grodaeg lui répliqua du tac au tac :

– Alors là tu te trompes ! je...

Huang avait toujours le visage tourné vers le hublot mais Grodaeg venait d'apercevoir dans le reflet de la vitre son petit sourire ravi et moqueur. Il comprit que Huang se foutait de lui.

– Connard! lâcha-t-il, tandis que Huang éclatait de rire.

Grodaeg venait d'un milieu modeste et réagissait toujours âprement aux allusions qu'il aurait pu grandir dans du coton ou qu'il n'aurait pas connu l'école publique ou les dispensaires de quartier.

Les lumières s'allumèrent dans la cabine mettant fin à leur chamaillerie. L'odeur de croissants chauds leur confirma que le vol entrait dans sa phase finale. Pékin n'était plus qu'à deux heures de vol.

Les volets s'ouvrirent un à un, laissant le jour envahir l'avion.

Un steward et une hôtesse s'avançaient dans le couloir de la cabine, tirant et poussant le chariot du petit-déjeuner, emprisonnant au fur et à mesure de leur avancée les passagers dans le carcan des tablettes des sièges.

L'image des cartes postales monochromes du début du siècle, montrant des condamnés chinois exposés au pilori des places publiques, leur cangue autour du cou, lui revint en mémoire :

– Sûrement encore une invention des Chinois se dit-il, souriant intérieurement en se remémorant la petite diversion qu'il avait créée la veille dans la salle d'attente, avant l'embarquement, en présence de Monsieur Paul Fites, ministre sous plusieurs gouvernements de la Vème République, grand ami de la Chine et présentement Chef de la délégation d'industriels et d'exportateurs qui se rendaient à Pékin, parallèlement à la renégociation du Protocole d'accord franco-chinois; la France accordait chaque année à la Chine des aides financières sous la forme de dons ou de crédits très avantageux par leurs taux et par leurs durées. Ce protocole, censé favoriser l'ensemble des exportations françaises profitait surtout à quelques grandes entreprises et était négocié par des fonctionnaires du ministère de l'Economie et des Finances. L'argent n'a pas d'odeur, dit un dicton populaire, mais attirée par on ne sait quelles exhalaisons d'énarques, une traînée d'industriels, soucieux de récupérer les retombées de la manne, s'agglomérait derrière la délégation officielle comme une queue derrière une comète.

Fidèle à son habitude, Grodaeg était arrivé tôt et s'était tranquillement installé dans l'un des fauteuils de la salle d'attente.

Un verre de Perrier dans une main et les pages saumon du Figaro dans l'autre, il essayait de se concentrer sur la situation économique de la France mais ne pouvait s'empêcher de loucher au dessus de son journal sur l'aréopage d'hommes d'affaires entourant Paul Fites, le Président Despierres, qui venait d'être nommé patron du comité France-Chine et Beaumainate, le plus servile de nos sinologues qui s'évertuait depuis trente ans à décrire la Chine telle que les politiques et les hommes d'affaires voulaient la voir. Il avait, avec la même éloquence, chanté les miracles de la Grande Révolution culturelle, puis en avait pleuré les excès quand ces derniers ne pouvaient plus être cachés. Il avait dépeint avec chaleur le paradis socialiste, havre de liberté, de fraternité et d'équité, pour finalement écrire un livre sur les goulags chinois après vingt ans d'oubli, quand un minimum de critique était de bon aloi. Il surfait maintenant sur l'ouverture de la Chine avec le même discours complaisant, épousant au plus près les méandres de la politique chinoise et s'efforçant dans toutes les circonstances de démontrer au mépris de toute pudeur qu'il avait anticipé les événements survenus. Sa mémoire sélective avait eu le don, dès le début de sa carrière, d'oublier les événements fâcheux comme cette soirée télévisée de décembre 1975 où il s'était publiquement gaussé d'un confrère pour expliquer doctement que le camarade Deng travaillait à l'édification du socialisme la main dans la main avec la camarade Jiang Qing, l'épouse du Président Mao. Son erreur était peut-être pardonnable. Son mépris pour un de ses confrères qui lui, voyait plus juste, l'était déjà moins mais son impudence à revenir se pavaner sur les mêmes ondes toute honte bue, pour une nouvelle fois commenter, comme si de rien n'était, les retournements de la situation en Chine, en disait long sur sa prétendue science, son amour-propre et son sens de l'honneur.

Fites et Beaumainate s'étaient lancés dans un de ces débats animés et soutenus où les protagonistes ont exactement la même vue des choses et dont le but est donc de renchérir et de surenchérir le plus doctement possible sur les affirmations et les assertions de son compère.

Grodaeg était surtout impressionné par le parterre, tout acquis à la cause, soutenant et relançant les jouteurs, riant complaisamment, acquiesçant sur demande et approuvant sans réserve ; le tout accompagné de petits mouvements du cou qui n'étaient pas sans rappeler ces petits chiens de décoration quelquefois placés sur les plages arrières des voitures, qui hochent de la tête à chaque cahot de la route.

Cette affabilité courtisane, à la fois mièvre et servile, avait le don de l'irriter.

– Asinus asinum fricat… bougonna-t-il. Les pages roses du Larousse lui faisaient toujours un bien immense. Il se força à se calmer en pensant à la vanité d'un tel emportement. De nature plutôt tolérante, il s'étonnait de ces petits accès de colère rentrée qui le prenaient de temps en temps, pour des motifs aussi futiles. Il se força donc à replonger dans la lecture de son article mais ne put s'empêcher d'écouter la suite des élucubrations des duettistes :

– Mais vous avez parfaitement raison, Monsieur le ministre, d'insister sur le fait qu'à proprement parler, l'Occident n'a rien inventé. Une grande partie de son développement s'est appuyée sur des inventions que les Chinois avaient, depuis longtemps, intégrées dans leur mode de vie et de pensée. Prenons seulement l'exemple du papier et de l'imprimerie ; ils ont été au cours des siècles les tuteurs indispensables de la pensée et les outils essentiels de sa propagation ! Plus que devant de simples inventions, nous sommes là confrontés à des faits de civilisation !

– Je crois que ce que vous dites là est très juste, mon cher Beaumainate. Car c'est bien de civilisation qu'il nous faut parler. Et il nous faut constamment le conserver à l'esprit, lorsque nous rencontrons nos interlocuteurs chinois ; plus que pour tout autre peuple, ces gens sont la résultante de leur histoire et de tous ces faits de civilisation, comme vous le dites si bien. Ceci doit absolument conditionner notre approche si nous voulons nous donner la peine de comprendre ces hommes et de nous imprégner de leur sagesse. C'est un cheminement difficile mais le seul payant pour ceux qui envisagent de s'implanter durablement dans ce pays.

– On dit même que ce sont eux qui ont inventé les nouilles.

La repartie, qui se voulait heureuse, jeta un froid sur l'assistance. Fites se figea la bouche ouverte, cherchant la réponse adéquate.

L'intervention était l'œuvre d'un certain Monsieur Burnoud, que Grodaeg connaissait de loin. Il venait de Samoëns et travaillait dans les cosmétiques, il semblait par ailleurs très fier de sa remarque.

Un silence gêné s'était emparé de la petite troupe. Le Président Despierre se porta au secours de ses compagnons en se tournant vers Grodaeg :

– Et vous, Commissaire, qui êtes un expert de la Chine, qu'en pensez-vous ?

Grodaeg avait déjà horreur qu'on l'appelle Commissaire, mais qu'on l'affuble en plus du qualificatif d'Expert-de-la-Chine le mit hors de lui. Il est vrai qu'en plus de sa licence en droit, il était également titulaire d'une licence de chinois, qu'il parlait la langue décemment pour un étranger et qu'il pouvait se targuer de plusieurs voyages en Chine. Mais de là à le compromettre avec un titre d'Expert-de-la-Chine dans leur confrérie de thuriféraires ! Et pourquoi pas Grand-Veneur de leur meutes de Chiens-Hochants !

Grodaeg ravala la bouffée de colère qui montait. Tous les yeux étaient fixés sur lui, implorant un renfort sinologique à cette intéressante question. Il chercha rapidement une repartie capable de le sortir d'affaire :

– La question de l'invention des nouilles déchaîne trop de passions pour que je me risque à prendre parti sur ce problème délicat, néanmoins un vieux poème semble bien en donner la paternité aux Chinois :

Les pâtes et la Chine ne font qu'un.
Le vent les a véhiculés.
Secouer les nouilles sous les boîtes de riz :
Il faut sceller le trou avant la fondation.

Un silence respectueux salua cette jolie poésie complètement absconse. Beaumainate, en fin connaisseur de la poésie chinoise le félicita de quelques hochements de tête admiratifs. Seul Despierre, qui décidément tranchait sur le reste de la bande, ricana moqueusement.

– Vous aimez les contrepèteries à ce que je vois. C'est une poésie tirée des épaules de Saint-Pître ?

– Je ne me souviens plus de sa source, lui répondit Grodaeg en souriant, mais le dernier vers montre bien que les Chinois, s'ils sont les inventeurs des nouilles, ne peuvent pas, en tout cas, se prévaloir de l'invention des spaghetti. Ce sont bien les Italiens qui sont les créateurs du trou des spaghetti sans lequel la pâte ne serait restée qu'un vulgaire morceau de farine.

Ceci d'ailleurs n'est pas sans rappeler un autre fait de civilisation, tout aussi ancien et sur lequel également quelques experts font encore des confusions. Savez-vous que les toilettes turques n'ont en réalité pas été inventées par les Turcs mais par les Belges ? Les Turcs, eux aussi, se sont contenté de rajouter le trou.

Sur ces bonnes paroles, Grodaeg se leva pour aller se chercher une nouvelle bouteille de Perrier, laissant derrière lui un auditoire médusé, ne sachant trop s'il fallait rire ou s'offusquer.

Le Commissaire sursauta à la voix qui le ramenait à la réalité. Une charmante hôtesse qui n'avait pas encore atteint la limite d'âge syndicale de 65 ans venait de lui tendre avec l'amabilité d'une geôlière à qui l'on vient de refuser sa demande de congé extraordinaire une fiche d'immigration qu'il s'employa à compléter. Le service devait avoir pris quelque retard pour que les feuilles de police soient ainsi mélangées avec les toasts beurrés. Les turbulences aidant, sa fiche une fois remplie avait l'air d'un devoir de classe préparatoire ; les lettres étaient toutes biscornues et les mots s'en allaient dans tous les sens. Grodaeg était néanmoins satisfait de son travail d'écriture qu'il rangea soigneusement dans son passeport.

Une voix derrière lui interpella une hôtesse :

– Pouvez-vous, s'il vous plaît, me préciser l'orthographe actuelle du mot Pékin ? Je crois que l'on doit dire Beijing maintenant, n'est-ce pas ?

– Tout à fait, Monsieur, B.E.I.J.I.N.G.

Le Commissaire se retourna pour jeter un regard noir sur l'importun si prompt à étaler sa culture.

Il reconnut l'affreux Burnoud qui frappait une nouvelle fois. Honoré par cette attention soutenue, l'homme d'affaires lui rendit un sourire qui se voulait empli de connivence. Entre experts, ils se comprenaient.

Grodaeg lui sourit et reprit sa position dans le sens de la marche :

– Encore heureux que le constructeur ait pensé à mettre tous les fauteuils dans le même sens ! Celui-là, 10 heures de suite dans un compartiment en face de moi, je suis sûr que je l'étrangle !

Ce dandysme qui consiste à vouloir appeler Pékin Beijing l'horripilait au plus au point ! Pourquoi pas non plus faire ses courses à London, passer ses vacances en España et aller travailler en Zhongguo puisque c'est ainsi que les indigènes chinois nomment leur pays !

– Et mon pied au cul ? Il veut pas que je le lui traduise en chinois aussi ! ?

Heureusement pour sa tension artérielle, la voix du Commandant de bord retentit dans la cabine :

– Dans quelques instants, nous survolerons la Grande Muraille.

Sa voisine de rangée s'était levée et, appuyée sur son accoudoir, tentait d'apercevoir la muraille au travers des épaules de Huang. Elle devait avoir dans les 35 ans et portait un jean serré et un petit corsage échancré laissant apparaître un léger soutien-gorge qui pour le moment, était posé comme une monture sur le nez de Grodaeg qui découvrait à la Grande Muraille un attrait qui lui avait jusqu'alors échappé.

L'automne était déjà bien avancé et la verdure commençait à se faire rare, rendant difficile le repérage de la muraille au milieu des cailloux.

– Vous la voyez? s'enquit sa voisine, l'air anxieux.

– Je pense que c'est elle, là-bas sur cette crête, lui répondit Huang sans même tourner la tête.

Grodaeg s'empressa de pallier ce manque évident de courtoisie pour fournir des renseignements plus détaillés :

– Elle n'est pas facile à voir vous savez! Quand je pense à tous ces journalistes qui ont écrit que c'était le seul monument de la terre visible de la lune!

Tenez! vous la voyez au fond là-bas, sur la ligne de crête. Elle disparaît ensuite un peu sous l'aile mais elle réapparaît ici à partir de ce piton rocheux.

Sa voisine s'était penchée pour suivre ses explications et avait maintenant sa joue presque collée à la sienne. Elle supportait bien le voyage ou alors elle avait eu le temps de se passer un coup d'eau sur le visage car elle était toute fraîche et sentait bon l'eau de toilette.

– Ah oui! Je crois que vous avez raison! Je la vois. J'irai la visiter ce week-end, c'est inscrit dans mon programme. Y êtes-vous déjà allé?

– Je l'ai déjà vue plusieurs fois, mais on ne s'en lasse pas, vous savez. Si vous le souhaitez, je vous y accompagnerai. C'est un monument envoûtant. Comme les pyramides peut-être, la première fois, on croit la visiter mais, avec le temps, on comprend que c'est elle qui vous pénètre insidieusement. Quand on s'en rend compte, c'est déjà trop tard; on a attrapé le virus de la Chine.

– Voilà qui semble très grave! s'exclama-t-elle, l'air faussement apeuré; et ce virus a un nom?

Grodaeg décela dans sa voix une petite pointe d'ironie qui n'était pas pour lui déplaire. Il se laissa prendre au jeu. Elle avait l'air de posséder le sens de l'humour et c'était la vertu que Grodaeg considérait comme primordiale. Il la plaçait bien avant les vertus théologales et cardinales.

– Son nom chinois est Youyi qui se traduit par Amitié. Surtout, croyez-moi, éloignez-vous dès que vous l'entendrez prononcer. On a déjà recensé de nombreux cas et quelques gros foyers de contagion au sein du gouvernement, des ministères, du Comité France-Chine et surtout, dans les milieux de la sinologie et des intellectuels.

– Vous connaissez la COFACE ? Pensez-vous qu'on puisse y trouver des individus contaminés ?

– Vous travaillez pour elle ? s'enquit Grodaeg, prudent.

Elle lui tendit la main en se présentant :

– Annie Coulomb, Contrôleur à la COFACE. À qui ai-je l'honneur ?

Le Commissaire lui serra la main puis sortit sa carte de visite de sa pochette et se présenta :

– René Grodaeg, Directeur à la SACPA.

Elle se pencha sous son siège pour fouiller dans sa serviette de cuir. C'était une sacoche en cuir lustré pareille à celles des vieux instituteurs d'antan. La grande poche était remplie de documents rangés dans une dizaine de pochettes de différentes couleurs. Elle en sortit une grande carte de visite de la taille d'un portefeuille comme seuls les imprimeurs français peuvent le faire.

– Pardonnez mon indiscrétion mais votre carte de visite mentionne le titre de Commissaire et non pas celui de Directeur. S'agit-il d'une erreur ?

– Non, non. Pas du tout. La SACPA dépend en fait du ministère de l'Intérieur. C'est une société de conseil dont le but est de promouvoir les exportations de matériel de contrôle, télécaméras, télésurveillance, caméras de trafic ou de matériel de maintien de l'ordre, lances à eau, grenades lacrymogènes, véhicules légers. Mais je ne vais pas vous faire l'inventaire complet du catalogue. Je ne suis en vérité que Commissaire in partibus, j'ai été détaché à la SACPA depuis maintenant plus de cinq ans. Je ne conserve ce titre que parce qu'il fait plus d'effet sur mes interlocuteurs!

– Dites-moi, pour une fois que j'ai la chance de tenir quelqu'un qui est un peu de la partie, quelque chose m'intrigue et j'aimerais connaître votre avis : les journaux ont dit que le massacre de la place Tiananmen avait pour principale cause le fait que les autorités chinoises manquaient justement de matériel de répression. Que faut-il en penser?

– Il est vrai que les Chinois ne possédaient pas ce type de matériel et c'est tant mieux pour moi. Mais de là à justifier le massacre, il faut quand même beaucoup d'imagination! Les gardes-mobiles ont, pendant des années, maintenu l'ordre avec la crosse de leur fusil sans qu'on ait ressenti pour cela le besoin de les doter de chars d'assaut! Non, vous avez là encore l'action du virus Youyi! Tous les ingrédients sont là : obsession sur la bonne foi des dirigeants chinois, perte de l'esprit critique et tentation de trouver toutes sortes d'excuses à des gens qui ont fait taire leurs enfants à la mitrailleuse! Encore une fois méfiez-vous de ce virus!

Vous participez à la renégociation du protocole d'accord? continua Grodaeg

– Oui, entre autres. Il est normal que la COFACE soit présente aux discussions. Nous avons maintenant plus de 40 milliards d'encours sur ce pays et il est grand temps que nous nous intéressions de plus près au panier où nous mettons nos œufs. D'autant plus que l'on parle encore d'un protocole d'un milliard de francs pour cette année.

– Bigre! Les contribuables français sont très généreux avec la Chine : trente ans de remboursement à moins de un pour cent d'intérêts, ça fait un joli cadeau à nos amis chinois!

– Vous n'avez pas l'air d'apprécier toutes ces libéralités.

– Non, non ce n'est pas cela, se dépêcha de répliquer Grodaeg, mais il ne put s'empêcher de rajouter insidieusement :

– Mais il ne faudrait pas que ces largesses ne soient perçues que comme la perpétuation de la vieille tradition du tribut. Loin de nous attirer de la gratitude, ces cadeaux ne feraient alors que renforcer notre allégeance à l'Empire. Il se dépêcha néanmoins de changer de sujet, sentant qu'il s'engageait sur un terrain délicat.

– Mais vous avez dit entre autres. Vous avez donc également une autre mission?

Elle prit un air étonné : « j'ai dit entre autres? C'est que je parle trop. C'est vrai que vous êtes commissaire, rien ne vous échappe! Le deuxième volet de ma mission n'est pas vraiment un secret; je vous le dis à vous mais, s'il vous plaît, gardez-le pour vous, il n'est pas nécessaire que tout le monde soit au courant ».

– Juré, craché! lui promit Grodaeg en riant.

– En fait, je viens aussi pour vérifier sur place la régularité de certaines opérations. Vous comprenez, il faut pour bénéficier d'une assurance COFACE remplir un certain nombre de conditions; par exemple que les sommes garantissent bien des matériaux exportés de France. Nous n'avons pas vocation à aider les exportateurs italiens ou néo-zélandais ou à financer des pots-de-vin. Je viens donc sonder pour voir si nous n'avons pas trop de resquilleurs parmi notre clientèle.

Grodaeg la rassura immédiatement :

– Je ne suis nullement offusqué ! Bien au contraire ; en tant que contribuable, j'applaudis des deux mains ! Si vous avez besoin de l'appui du ministère de l'Intérieur, n'hésitez pas à m'appeler !

– Marché conclu ! s'écria-t-elle en topant pour sceller le *deal.* Puis portant son index en travers de ses lèvres, elle ajouta en souriant : mais motus et bouche cousue !

Les hôtesses tentaient avec patience de rasseoir leurs passagers et Annie Coulomb dut regagner sa place.

Grodaeg était ravi de cette entrée en matière. Son séjour s'annonçait sous les meilleurs auspices.

L'avion volait maintenant à basse altitude et le bruit caractéristique de la sortie des trains d'atterrissage résonna dans la cabine. Un joli nuage jaune de pollution flottait à l'horizon, sur la gauche de l'appareil, à l'endroit où devait se situer Pékin.

Le 747 se posa doucement, sans un choc. Occupé à ranger ses affaires, Grodaeg faillit ne pas voir la main que lui tendait Annie Coulomb avant de descendre :

– Nous aurons certainement l'occasion de nous revoir ces prochains jours. Je descends, comme le reste de la mission, à l'hôtel Jingguang et vous ?

– Moi aussi lui répondit Grodaeg, souhaitez-vous profiter de ma voiture ? Le chauffeur doit venir nous chercher.

– Non merci, c'est bien aimable à vous mais je crois que le Comité France-Chine a prévu un autocar à l'arrivée. Rendez-vous plutôt à l'hôtel. À tout à l'heure ! ajouta-t-elle.

Une invitation que Grodaeg comptait bien honorer...

Un petit groupe de personnalités chinoises et de l'ambassade s'était déplacé pour accueillir la Mission.

Paul Fites enlaçait chaleureusement ses vieux amis de vingt ans qui étaient venus spontanément pour l'accueillir, suivi du Président Despierre qui l'imitait encore plus bruyamment afin de ne pas paraître en reste.

Grodaeg et Huang parvinrent, avec quelque peine, à contourner tout ce beau monde qui obstruait le couloir, ravis de ne pas avoir à suivre la Délégation dans la salle des VIP, où grâce à un traitement spécial, elle pourrait mettre une heure de plus à sortir, avec tous les honneurs dus à son rang, cela va de soi.

Forts de leurs gros bagages à main, pas très réglementaires à vrai dire, mais extrêmement pratiques pour éviter l'attente des bagages enregistrés, ils atteignirent en tête les guichets des formalités de police et traversèrent le contrôle de la douane avant même l'arrivée des douaniers, peu habitués à une telle célérité sur les vols long-courrier. Dix minutes, montre en main, après l'ouverture des portes, ils sortaient dans la salle des arrivées où les attendait Xiao Lu, leur chauffeur.

Xiao Lu prit un de ses sacs et se dirigea vers la sortie et le parking.

Il n'était pas très loquace mais c'était un bon chauffeur sur qui ils pouvaient compter et qui savait, le cas échéant, les soulager d'un tas de corvées ou les dépatouiller de situations difficiles. Une perle rare, en somme…

– Quel est le programme? demanda Grodaeg à Huang, en s'installant dans la Toyota Camry du bureau.

Grodaeg s'en remettait totalement à lui pour l'élaboration de son programme. C'était lui, sur place, le plus à même de juger des rendez-vous à prendre et des personnes à rencontrer.

– Tu vas d'abord à ton hôtel et moi je passe chez moi prendre une bonne douche. À 14 heures je passe te rechercher; on file au bureau pour faire le point. À 18 heures on a un dîner au Feng Shan avec NORINCO pour le contrat de matraques électriques. Ensuite nous prendrons un verre avec Peng à l'hôtel, lui annonça Huang, en lui tendant une feuille de papier sur laquelle il avait griffonné la liste des principaux rendez-vous prévus au cours de son séjour.

Grodaeg y jeta un coup d'œil, hocha la tête en signe d'acquiescement et s'enfonça ensuite un peu plus profondément dans le cuir moelleux des sièges en s'intéressant au paysage.

Ils étaient parvenus à la fin de l'autoroute et la voiture s'engagea sur la bretelle de raccordement au troisième périphérique. Grodaeg remarqua qu'ils avaient réussi l'exploit de ne pas rencontrer un seul cycliste depuis leur arrivée ; véritable gageure dans une ville où ils se comptaient par millions ! Il en fit la remarque à Huang qui le rassura immédiatement :

– Il y en avait encore quand je suis parti la semaine dernière. Je pense que l'on ne va pas tarder à en croiser quelques myriades ! Mais il est vrai que le chemin que nous avons emprunté depuis l'aéroport n'est pas propice à leur rencontre. Quoique le chauffeur m'ait signalé qu'il en a vu deux dernièrement allongés sur l'autoroute.

– Et alors ?

– D'après lui, la voiture qui les a percutés est réparable.

Grodaeg observa le visage impassible de Huang tentant d'y déceler des indices d'humour noir.

La sécheresse apparente du rapport résumait pourtant bien l'indifférence des Chinois pour leur prochain et dans le cas présent, le mépris réciproque des automobilistes et des cyclistes.

Comme pour donner foi aux prédictions de Huang, la Toyota, quittant le périphérique, se retrouva submergée par une marée de cycles. La voiture semblait flotter sur les vélos.

– J'ai l'impression qu'on a atterri sur la piste cyclable, lui souffla Grodaeg.

Il y en avait partout : des cyclistes solitaires, d'autres transportant un ou deux passagers, assis sur le guidon ou en amazone sur le porte-bagages, des vélos à porte-bagages vides et d'autres avec toutes sortes de marchandises, du simple cageot à la montagne de cartons en passant par des grappes de volailles ou des seaux au contenu nauséabond. Au milieu de cette cohorte, un vieux Chinois, d'âge ancestral, le corps décharné luisant de sueur, se dandinait en danseur sur les pédales d'un tricycle transformé pour l'occasion en ambulance. Sur la grande planche de bois arrière, une jeune fille tenait négligemment la main d'une malade emmitouflée dans une grosse couverture rembourrée.

Le flot semblait n'avoir ni début ni fin et s'écoulait à la même vitesse uniforme, réglé sur un mouvement de pédales dont le rythme devait remonter à la nuit des temps.

Huang avait dû lire dans ses pensées car il interrompit sa réflexion pour lui dire :

– Je suis même certain qu'ils pédalaient déjà à ce rythme du temps des Tang ou des Ming.

Les cents derniers mètres qui les séparaient de l'hôtel furent néanmoins les plus malaisés à parcourir, le trafic au carrefour étant quasiment paralysé par un enchevêtrement inextricable de vélos. Au milieu du rond-point, le bras tendu, au garde-à-vous, figé dans un salut hitlérien impeccable, un policier stoïque stoppait le flux des voitures tandis que sans la moindre gêne, le magma des bicyclettes continuait sa course sous ses aisselles. Il n'était là manifestement que pour les autos, les vélos devaient être régis par un autre code de la route.

La réception de l'hôtel était déserte. Une charmante

employée aida Grodaeg à remplir sa fiche et lui tendit la clef de sa chambre :

– Chambre 933, Monsieur. J'espère que vous ferez un agréable séjour.

C'était si gracieusement dit que Grodaeg se promit de faire tous ses efforts pour y parvenir.

Huang était parti s'asseoir un peu plus loin dans un des fauteuils du lobby. Grodaeg le rejoignit et s'assit face à lui, en ressortant le programme de sa poche.

– Il est 11 heures 30. On a donc du temps devant nous. Pourquoi ne pas faire un saut au Temple du Ciel ? Le temps est parfait pour une petite balade. Cela nous fera le plus grand bien et nous empêchera de nous endormir. Tu sais bien qu'il n'y a rien de pire que de faire un somme en pleine journée ; c'est un coup à traîner le décalage horaire pendant toute la durée de son séjour. Et puis, avant d'aller au bureau, nous pourrions également saluer le Conseiller commercial ; ses bureaux sont dans la tour, non ?

– On le verra demain, au déjeuner de la Chambre de Commerce. Aujourd'hui Duboisy est pris avec Fites et Despierre. On peut par contre, si tu le souhaites, rencontrer Cochisi, son adjoint.

Ce n'était pas pour déplaire à Grodaeg qui aimait bien Cochisi. C'était le seul dans cette foutue maison à parler le chinois et à bien connaître le pays. Comme si l'on pouvait efficacement travailler au Poste commercial en restant trois ans dans le pays, sans parler un seul mot de la langue.

Plutôt que de s'entourer de gens appropriés, la Direction des Relations Economiques Extérieures, la DREE pour les initiés, préférait choisir des collaborateurs parfaitement inadaptés aux missions qui leur étaient confiées mais au demeurant fort enthousiastes.

En général, ils se tuaient à la tâche et se donnaient corps et âme à leur travail… pour arriver à être à peu près compétents le jour de leur départ ! Ils étaient alors mutés aux îles Fidji ou à Téhéran histoire d'être certain que leur expérience ne leur serait d'aucune utilité. Cochisi était donc l'exception qui confirme la règle. Corse jusqu'aux bouts des ongles, il économisait ses gestes et ses paroles au maximum. Il agissait lentement mais à bon escient et ne mâchait pas ses mots, exprimant crûment ce qu'il pensait être son devoir de dire, sans détours ni égards pour le rang ou la notoriété de ses interlocuteurs.

Pour toutes ces raisons, il était donc mal vu de sa hiérarchie et honni par la communauté d'affaires bien pensante.

Il poursuivit sa lecture :

– Pour le dîner, Feng Shan, c'est le restaurant du parc Bei Hai, si je ne me trompe.

Il jeta un dernier coup d'œil sur sa fiche :

– Et Peng, on le voit où ?

– À l'hôtel, je pense que c'est le plus pratique et si tu as un coup de barre tu pourras toujours écourter l'entrevue. De toute façon, il se doute que nous serons complètement crevés et m'a déjà averti qu'il se réservait pour la nuit prochaine. Ce soir, ce ne devrait être qu'une petite entrevue de politesse.

– Ok. On fait comme ça. Alors à tout à l'heure.

Vendredi, 11h 20. Zhong Nan Hai.
Siège du Gouvernement Central. Bâtiment nord IV-A.

La grosse Mercedes s'immobilisa devant le portail est de la cité doublement interdite de Zhong Nan Hai. Cette partie de l'ancienne Cité Pourpre, interdite du temps de l'Empire, était toujours fermée au commun des mortels. Là, au cœur de la vieille ville murée, un dernier village d'irréductibles bureaucrates résistait toujours à la populace et aux changements successifs de régime et, toujours coupée du monde, présidait encore aux destinées du peuple.

Une sentinelle contrôla le badge collé au pare-brise et autorisa la voiture à pénétrer.

La plupart des pavillons de l'époque impériale avaient été rasés pour faire place à de très laides constructions des années cinquante.

La Mercedes stoppa devant la porte d'une grande bâtisse en béton de cinq étages. Zhou s'extirpa rapidement de la voiture ; il n'avait pas de temps à perdre. Il lui fallait au plus vite rendre compte des dernières nouvelles qu'il venait d'apprendre de son informatrice.

Zhou était jeune, pour un dirigeant chinois. Il approchait la soixantaine. Son allure était celle d'un cadre communiste austère ; il avait conservé le port de la vareuse Mao – qui n'avait d'ailleurs, rien de Mao : elle était déjà en cours à l'époque de Sun Yatsen – et ses lunettes de soleil noires dont il ne se séparait que rarement lui donnaient un visage impénétrable et dur, ses sourires étaient rares et ambigus.

Sa fonction de Directeur au ministère de la Sécurité d'Etat lui conférait des facilités pour aller et venir au sein de Zhong Nan Hai mais c'était surtout sa nomination au sein du groupe de travail Réunification, nouvellement créé pour la recherche d'une solution rapide de la question taïwanaise, qui lui avait récemment permis de multiplier ses contacts avec quelques-unes des plus hautes personnalités du Parti. Ses nouvelles relations l'avaient obligé à modifier quelque peu ses convictions personnelles plutôt conservatrices, mais le jeu en valait la chandelle et les perspectives qu'on lui avait fait miroiter auraient vite étouffé ses réticences et ses états d'âme s'il en avait vraiment éprouvés.

Il grimpa quatre à quatre les marches de l'escalier jusqu'au troisième étage. Le garde de faction le reconnut et le salua d'un geste de la main. Zhou se dirigea vers le bureau de Hu qui, assis derrière sa table de travail, vérifiait un document avant d'y apposer son sceau et sa signature. Il leva la tête, surpris par l'irruption de Chou.

Il lui désigna l'un des vieux fauteuils en bourras qui trônaient dans un coin du bureau, à l'usage des visiteurs. Il s'arrêta près de la fenêtre; saisissant une antique bouteille Thermos, il emplit d'eau bouillante, à l'intention de Chou, un grand verre de porcelaine qu'il recouvrit ensuite de son couvercle, puis se versa une bonne dose d'eau chaude dans un ancien pot de Nescafé qui lui tenait lieu à la fois de théière et de verre. Les Chinois ne se déplacent jamais sans leur pot de confiture ou de café rempli de thé. En réunion ou en voyage, ils donnent constamment l'impression d'être sur le chemin d'une analyse d'urine.

Sitôt qu'il fut assis, Zhoucommença son rapport.

– Je reviens de l'aéroport. L'ensemble du plan se déroule comme prévu. Les expéditions se poursuivent; nous venons d'en réceptionner une à Ningpo et une autre, la plus importante, est sur mer. Elle devrait arriver à quai dans environ 7 jours. Il ne restera plus alors qu'une seule expédition actuellement dans sa phase de contrôle avant embarquement.

– Où réside alors le problème? demanda doucement Hu, en fixant son interlocuteur.

Zhou se tortilla, mal à l'aise.

– Notre agent nous informe que deux des fonctionnaires qui participent à la délégation officielle française viennent pour effectuer des vérifications qui risquent de compromettre le bon déroulement de l'opération. Le premier est un fonctionnaire de la Compagnie d'assurance du Gouvernement français, Monsieur Fournier; l'autre est son assistante, une certaine Madame Coulomb. Une enquête, dans les circonstances actuelles, permettrait au gens de la Sécurité publique ou du Département de la Discipline de venir fouiner dans les détails de l'opération Réunification et de découvrir notre deuxième opération.

– Que proposez-vous?

– Il nous suffit de gagner du temps. Notre projet n'est pas le seul visé par ces fonctionnaires français; les dossiers litigieux touchent également le Projet de centre commercial situé près de la gare et un investissement pour la fabrication de lampadaires à Shanghaï. Je propose que l'on divulgue aux Français le nom des détenteurs des comptes en Suisse mêlés à l'affaire du centre commercial, cela devrait suffire pour faire diversion et donner le change. Je pense qu'il serait également nécessaire de supprimer les deux fonctionnaires pour couper court à leurs investigations. Le temps qu'ils soient remplacés, l'opération aura été menée à son terme.

Un silence pesant s'abattit sur la pièce.

Hu faisait lentement tourner son pot de Nescafé sur la tablette située près de son fauteuil, semblant se concentrer sur les mouvements désordonnés des feuilles de thé qui dansaient dans le tourbillon.

– Est-ce vraiment indispensable?

– Oui, Monsieur le vice-premier ministre. Il y va du succès final de l'opération.

– De quelle opération parlez-vous, Réunification ou Légitimité?

– Les deux, Monsieur le vice-premier ministre

Hu déboucha son bocal de thé et le porta à ses lèvres, soufflant doucement sur le liquide bouillant. Il en revissa la capsule bien hermétiquement et se leva pesamment de son siège.

– N'attendons pas d'avoir soif pour tirer l'eau du puits. Vous êtes directement responsable de cette mission et c'est vous qui répondrez de sa réussite. Je me charge d'informer les autres membres du Comité.

Zhou s'inclina légèrement et le remercia. Un sourire malsain déformait son visage. Il sortit sans un mot supplémentaire. Il avait hâte de rejoindre son bureau situé à l'opposé de la place Tiananmen. La Mercedes ne prit pas la peine de ralentir à l'entrée. Zhou était ici chez lui. Le court trajet lui avait déjà permis d'agencer le plan d'action qu'il comptait mettre en œuvre. Il convoqua immédiatement deux de ses plus proches adjoints.

Wang arriva le premier ; son bureau se situait au même étage que celui de Chou. C'était un homme athlétique d'une cinquantaine d'années. La force muette qui émanait de sa musculature irradiait autour de lui un champ magnétique capable de refroidir les instincts de violence des plus excités. Issu d'une unité d'élite des commandos, il avait rejoint le service action de la Sécurité d'Etat à l'occasion de l'opération Réunification. Ses équipes étaient les seules à avoir directement testé les défenses de la côte taïwanaise au cours de débarquements et réembarquements successifs, sans subir les déboires récents des commandos nord-coréens, pris sur le vif en Corée du Sud…

Il se différenciait de Chen, le deuxième acolyte, sur presque tous les points. Chen était de nature frêle, son visage émacié et anguleux lui donnait l'air d'un tortionnaire cruel et raffiné, comme ceux qui peuplent nos cauchemars les plus noirs. Si Wang semblait intouchable, Chen, lui, était insaisissable. Cette impression était renforcée par ses yeux forte-

ment bridés qui disparaissaient derrières d'étroites fentes de paupières transformant son visage en masque d'ossature terrifiant. Zhou ne leur laissa que le temps de s'installer et de poser leur pot de thé.

– Chen, tu prends en premier lieu contact avec Berne pour qu'ils divulguent les informations que les Suisses leur ont confiées. Tant pis pour le Maire, j'ai besoin d'une diversion. Il sera éclaboussé par le scandale mais le jeu en vaut la chandelle.

Chen hocha la tête et quitta un instant le bureau pour donner les ordres nécessaires.

Il revint s'asseoir à la table et Zhou reprit l'exposé de son plan. Il donna quelques détails sur les derniers événements en évitant soigneusement toute référence à l'opération Légitimité. Seul Chen était initié, Wang n'était qu'un soldat exécutant les ordres avec discipline. Ils discutèrent ensuite des meilleurs moyens pour se débarrasser sans problème des deux fonctionnaires. Zhou décida d'utiliser les deux équipes de manières distinctes avec des stratégies différentes, afin d'éviter au maximum les recoupements et tenter de laisser planer le doute d'une coïncidence extraordinairement malchanceuse.

L'urgence de l'action ne leur laissait pas le recours à des méthodes trop sophistiquées. Chen opta pour un incendie accidentel dans la chambre de la femme. Ces dames sont frileuses et une couverture électrique est dangereuse, surtout quand les gens les apportent de l'étranger où les industriels ne pensent qu'au profit immédiat plutôt qu'au bien-être du Peuple. La moindre combustion entraîne des dégagements de gaz extrêmement toxiques.

Wang s'occuperait de l'homme. Il était plus direct et pencha pour un cambriolage sordide. L'image du pays en prenait bien sûr un coup mais il était difficile d'espérer faire une omelette sans casser des œufs.

Zhou récapitula à chacun les tâches à exécuter. L'heure avançait, il n'y avait plus de temps à perdre.

– Vous avez le numéro de mon portable pour rendre compte. Nous entrons dans la phase critique, nous ne pouvons plus nous permettre d'erreur. Rappelez-vous qu'une seule fente suffit pour couler un bateau. Wang, je vais compliquer quelque peu ta tâche : je souhaite que notre agent, Madame Goulet, assiste à l'exécution de Fournier. Nous avons besoin de la rendre plus malléable. Je la vois ce soir pour le dîner; je la convaincrai de participer à notre petite fête.

Zhou arrêta d'un revers de main les objections de Wang.

– Je sais, ce n'est pas l'idéal mais autant se servir au maximum de l'effet que va produire ce meurtre. Elle ne te gênera pas, elle ne sera là que comme observatrice. Tu as pensé à l'arme que tu vas utiliser? Sers-toi d'une arme difficile à tracer.

– J'ai toujours l'arme de l'agent américain. Elle est en parfait état de marche avec un silencieux superbe, personne n'est au courant de son existence, à part nous, bien entendu.

– C'est bon! Vas-y vite. Récupère l'arme et repère les lieux.

Zhou se tourna ensuite vers Chen :

– Quoi de neuf du côté de la Sécurité publique, chez notre ami Peng?

– Pas de mouvement particulier pour le moment, mais nous continuons à le surveiller.

Vendredi, 11 h 30.

Grodaeg prit une douche et se changea. Midi approchait. Il enfila un pull-over; le temps était frais mais très ensoleillé. Huang venait de l'appeler. Il était en bas avec la voiture. En sortant de l'ascenseur, il se trouva nez à nez avec Annie Coulomb, sa voisine d'avion, qui venait de finir de s'enregistrer.

– Déjà prêt pour une balade! Je vois que vous avez pris de l'avance sur nous! Où partez-vous comme cela? lui demanda-t-elle.

– Juste un petit tour au Temple du Ciel. Il fait un temps superbe. Vous devriez venir nous rejoindre.

– Avec plaisir, mais j'arrive seulement à l'instant et j'ai promis à une amie de l'accompagner au magasin de l'Amitié pour y acheter de la soie. Je vais lui demander ce qu'elle pense de votre proposition. Si elle est d'accord nous vous rejoignons là-bas.

– D'accord! Voyez avec elle et à tout à l'heure peut-être! À propos, si cela n'est pas trop indiscret, quel est le numéro de votre chambre?

– J'ai la 1336.

– De quoi j'me mêle! tonna une voix qui tinta à l'oreille de Grodaeg comme une décharge électrique.

– Tiens, voilà mon amie! l'informa Annie Coulomb, de façon tout à fait superfétatoire.

Grodaeg avait reconnu l'accent pointu de Toulouse et dans le même temps sa propriétaire. Denise Goulet était une femme assez forte, à la poitrine opulente, et qui avait usé les mêmes fonds de culottes que lui à Langues-O, lorsqu'il apprenait le chinois.

Il se tourna vers Annie Coulomb, l'air navré :

– Oh la la! je vous plains. Vous avez de bien mauvaises fréquentations!

Cette remarque n'eut pas l'air de décontenancer Denise Goulet qui poursuivit comme si de rien n'était.

– Et alors, tu me fais plus la bise?

Denise Goulet était plutôt du genre direct. Avant même de pouvoir répondre, Grodaeg se sentit happé et atterrit sur les air-bags de sa devanture, tandis que quatre bises retentissantes le rendaient à moitié sourd.

– Qu'est-ce que tu fais là? lui demanda Grodaeg encore à moitié sonné.

– Tu le vois pas que je monte dans ma chambre! Pousse-toi de là, tu bloques l'ascenseur et Madame ne peut pas passer! Moi aussi je loge au treizième si ça t'intéresse. On se revoit tout à l'heure!

– Justement, Madame Coulomb se proposait de venir me retrouver au Temple du Ciel. Pourquoi n'iriez-vous pas plutôt acheter votre soie au magasin Jinlong. Vous seriez à deux pas pour nous rejoindre ensuite.

– C'est d'accord, mais attention, tu vas pas me draguer ma copine, Don Juan de mes deux!

Grodaeg ne répondit pas à cette attaque sournoise et se contenta de leur faire un petit signe de la main, alors que la porte de l'ascenseur se refermait sur elles.

Toute la délégation s'agitait dans le lobby cherchant à récupérer clefs et valises. C'était une jolie pagaille digne d'un dernier jour de classe. Grodaeg tenta de traverser le hall de l'hôtel le plus discrètement possible, les yeux fixés vers le sol pour ne plus croiser de regards mais faillit heurter le Président Despierre qui lui barrait la route. Il tenait un énorme cigare qui empestait tout le hall de l'hôtel.

– Déjà prêt pour le tourisme, Commissaire! Vous nous excuserez de ne pas pouvoir vous accompagner mais nous avons du travail.

C'était gentiment dit mais cela avait néanmoins un petit relent de reproches.

Grodaeg prit un air désolé :

– Quel dommage que vous soyez si occupé, Président. Je tâcherai de vous rapporter quelques photos si j'en trouve.

Grodaeg sortit en rigolant. Il avait des relations assez épineuses avec Despierre mais, même s'il ne partageait pas ses idées sur la Chine, loin s'en fallait, il s'entendait quand même bien avec lui.

Huang l'attendait dans la voiture devant la porte.

– Tu ne sais pas qui j'ai rencontré dans le hall de l'hôtel ? lui demanda Grodaeg sur un ton égrillard.

– La petite madame Coulomb qui s'en allait bras dessus bras dessous avec le Président Despierres. Mais je parie que grâce à ton charme légendaire, tu l'as finalement convaincue de venir nous rejoindre au Temple du Ciel.

– Pas mal, comme déduction. Mais hélas, la réponse est incomplète ; vous ne participerez donc pas à notre grande finale et vous ne toucherez pas nos cent mille francs !

– Arrête un peu ton cinéma ! Qu'as-tu vu qui t'émoustille autant que ça ?

– La mère Goulet qui m'a chargé de te faire une grosse bise lui avoua Grodaeg en se penchant langoureusement vers son collaborateur.

– Au viol ! s'écria Huang en tentant de sauter sur le siège avant de la Toyota, sous le regard ahuri du chauffeur qui pila pour éviter un vélo qui avait eu la malencontreuse idée de choisir ce moment pour faire un demi-tour et venir ramasser sa casquette. Pour le coup Huang se retrouva réellement sur le siège avant, mais la tête sous le tableau de bord et les pieds en l'air. Grodaeg lui tira sur les jambes pour l'aider à reprendre une posture plus conforme à sa dignité d'homme d'affaires.

– Que fait-elle là? demanda Huang; Elle participe à la mission du Comité France-Chine?

– Ça m'en a tout l'air. Mais tu le sauras tout à l'heure, elle m'a promis de venir nous rejoindre.

– Jiu li le mo! lui lança Huang, rageur, en se servant du dialecte cantonais, plus riche que le mandarin au niveau des injures.

La voiture traversa le quartier du pont du Ciel en direction du sud de la ville. Ce quartier restait très animé avec une foule hétéroclite déambulant sans but apparent sur les trottoirs de part et d'autre de la grande rue. Les habits, après deux décennies d'uniformité bleu-vert, retrouvaient leur chatoiement d'antan. Les jeans troués aux genoux et les tee-shirts moulants de la jeunesse dorée rivalisaient avec les pyjamas de coton et les pantoufles feutrées des vieux Chinois en promenade.

Les nouveaux immigrants des provinces avoisinantes faisaient renaître sur les trottoirs les vieux métiers, il y a peu de temps encore, disparus; un Chinois sans âge, le torse bronzé sous son maillot de corps d'un blanc douteux, actionnait d'un pied la roue de la meule sur laquelle il aiguisait des couteaux. Un peu plus loin, un réparateur de vélos avait étalé son attirail noir de graisse sur le trottoir, tandis qu'au vu et au su de tous, un coiffeur coupait négligemment les cheveux d'un client assis sur un tabouret à même le trottoir. Une explosion salua le passage de la voiture : un petit homme, noir de fumée, s'activait à ouvrir une sorte d'obus en fonte qui venait de cracher sa provision de grains de riz soufflés comme des pop-corn.

Une enseigne lumineuse entrelaçant des spirales bariolées annonçait un salon de coiffure, clinquant de dorures. Grodaeg jeta un regard amusé sur la boutique brillant d'un luxe tape à l'œil qui détonnait sur les autres boutiques. À la différence du tabouret du coiffeur improvisé qui opérait quelques centaines de mètres plus bas, les boutiques de coiffeurs s'occupaient autrefois de toutes les parties du corps recouvertes d'un système pileux. La profession avait gardé de cette époque mauvaise réputation. Coiffeur, avec militaire et acteur faisaient partie des dix métiers exécrés dans la Chine impériale. Il est vrai que ces boutiques n'étaient souvent que la façade des lupanars. La Chine avait quelque peu oublié ces vieilles traditions pourtant encore très vivantes à Taïwan, Hongkong ou dans le quartier chinois de Bangkok. À en juger par les nouveaux établissements qui fleurissaient çà et là, les vieilles habitudes semblaient, telles le phénix, vouloir renaître de leurs cendres. Ce quartier était d'ailleurs naguère réputé pour ses bordels. Des essaims de lanternes rouges indiquaient alors aux flâneurs la présence de ces établissements au fond des ruelles en coupe-gorge, mais la grande révolution prolétarienne avait éradiqué le fléau de la prostitution aussi bien que la prohibition l'avait fait avec le whisky irlandais... La politique d'ouverture et de réforme faisait resurgir quelques bons vieux réflexes que l'on croyait oubliés et si cette politique devait continuer sur sa lancée, il ne faudrait pas beaucoup de temps avant que le quartier ne retrouve ses anciennes habitudes.

Par chance, la circulation était fluide et ils ne tardèrent pas à arriver à la Porte nord du Temple du Ciel. Ils prirent congé du chauffeur qui les laissa là pour partir les attendre à la Porte ouest.

Grodaeg prit une profonde inspiration et s'engagea dans le parc sous le portail rouge de la première enceinte. C'était une sorte de pèlerinage qu'il ne manquait pas de faire à chacun de ses voyages. Il aimait par dessus tout l'harmonie et la force qui se dégageaient de la Voûte Céleste Impériale qui se dressait sur sa gauche, au bout d'une allée dallée. L'ensemble du parc n'avait rien perdu de sa solennité et de ses pouvoirs surnaturels. Sa structure illustrait encore son rôle de trait d'union entre Ciel et Terre, elle formait un gigantesque mandala, transposition cosmologique et politique de l'univers, capable de communiquer avec le Suprême Seigneur de l'Auguste Ciel. À chacune de ses visites, Grodaeg avait l'impression de puiser dans ces lieux des forces nouvelles. L'exaltation hélas ne durait que l'espace d'un moment mais lui faisait l'effet d'un cordial qui effaçait ses fatigues accumulées. Ils firent silencieusement le tour du Temple de la Prière pour de Bonnes Moissons, sous les reflets de ses tuiles bleues brillantes, et se dirigèrent à pas lents vers l'Autel du Ciel. L'air était vif et frais mais le ciel bleu et sans nuages. L'automne à Pékin, aurait dit Boris Vian s'il en avait parlé dans son livre…

Ils n'avaient pas encore atteint l'esplanade de l'Autel que Grodaeg se prit une énorme claque dans le dos.

– Vous allez vous les geler toutes dures, mes cocos, si vous continuez à ce train de sénateurs ! Et les cornets à deux boules ne sont pas vraiment de saison !

Grodaeg n'eut pas besoin de se retourner pour savoir qui les avaient rejoints : la délicatesse de la métaphore et la voix mélodieuse l'avaient suffisamment renseigné.

– Je te présente Huang, mon collaborateur lui dit-il suavement.

– Dans mes bras ! lui dit-elle en embrassant Huang comme si de rien n'était, de deux bises sonores propres à réveiller le Suprême Seigneur de l'Auguste Ciel.

– C'est fou comme les gens peuvent être grossiers de nos jours souffla Grodaeg à Annie Coulomb en lui baisant la main…

Denise Goulet se tourna vers Annie :

– Ne l'écoutez surtout pas, c'est le plus grand faux-cul que la terre ait produit depuis le tertiaire-jurassique, mélangeant simplement quelques millions d'années géologiques.

Grodaeg voulut répondre mais un coup direct au sternum l'empêcha d'articuler un son alors que la mère Goulet continuait de plus belle :

– Tu sais qu'on a failli ne jamais arriver là ! Le patron d'Annie nous est tombé sur le râble. Il a fallu qu'on le traîne au magasin de la soie. En plus il n'a même pas acheté de soie, ce cul d'oignon ! Il s'est rabattu sur une pipe à eau de l'époque Ming, entièrement finie à la soudure électrique ! Heureusement, Annie a fini par le persuader de rentrer à l'hôtel pour réviser ses dossiers mais j'ai vu le coup où il allait lui demander de rentrer avec elle ! Là, il aurait fallu qu'il me passe sur le corps !

– Je comprends que cela l'en ait dissuadé ! ne put s'empêcher de glisser Huang, à mi-voix.

– Qu'est-ce que tu dis toi ! tu n'as pas fini de bougonner dans ton coin ! poursuivit-elle, en feignant de n'avoir rien entendu.

Elle attrapa Grodaeg et Annie par le bras :

– On n'est pas là pour rigoler, on est venu pour visiter le Temple du Ciel, pas pour discutailler ! Et elle continua à déverser des tonnes de boniments où il fut question d'espace carré à l'image de la terre, de tas de symboles liés au calendrier lunaire, d'empereur, de cortège. Le tout, dut reconnaître Grodaeg, non dénué d'intérêt mais bien loin de la sérénité qui selon lui, était nécessaire à la visite d'un tel monument. Huang, de son côté, s'était placé en retrait et observait d'un œil amusé les efforts que faisait Grodaeg pour se rapprocher d'Annie Coulomb, séparée de lui par la silhouette massive de Denise Goulet.

Ils se retrouvèrent sans avoir pu placer un mot à l'entrée de la Porte ouest. Xiao Lu les attendait au volant de la voiture. Grodaeg se proposa pour les raccompagner jusqu'à l'hôtel mais Annie Coulomb voulait visiter le Temple de la Prière pour de Bonnes Moissons et son célèbre toit de tuiles bleues avant de regagner l'hôtel. Ils décidèrent donc de se séparer en se promettant de se retrouver vers 21 heures 30 pour un dernier verre dans le lobby de l'hôtel.

Vendredi, 14 h 40.

Un message les attendait à l'hôtel. Cochisi pouvait les recevoir à 15 heures. Grodaeg passa rapidement dans sa chambre enfiler un costume et une cravate avant de s'engouffrer dans les ascenseurs de la Tour.

Les bureaux du Poste commercial était au 37e étage. Une charmante hôtesse d'accueil les contraignit gentiment à coucher leur identité sur le grand cahier des visites. Grodaeg en profita pour en feuilleter les pages : autant savoir qui était en ville.

L'entretien avec Cochisi fut cordial et intéressant. Sa connaissance de la langue lui donnait accès à diverses informations qui sans être d'une grande importance lui permettaient d'avoir sur l'actualité chinoise des vues plus originales que la plupart des autres diplomates qui se repassaient sans complexe les mêmes informations douteuses. La communauté internationale était tellement avide des moindres nouvelles qu'une supposition lancée par une chancellerie avait toute chance de se retrouver crédibilisée par sa simple propagation au travers des autres ambassades. Ce qui finissait généralement par des articles de presse du type : D'après un diplomate occidental en poste à Pékin, qui tient son information de source sûre…

Cochisi leur fit un rapide point de la situation économique et politique du pays puis ils s'attaquèrent aux derniers potins en cours, dégommant au passage les habituelles têtes de turcs.

Cette visite de courtoisie achevée, Grodaeg et Huang décidèrent de passer à leur bureau afin de faire un point et de prendre connaissance des messages arrivés. Huang louait un petit bureau dans le parc Sun Yatsen, dans la partie sud-ouest de la Cité interdite. C'était, du temps de l'empire, le site du Temple du Dieu du sol, Protecteur du domaine impérial. Le parc avait-il gardé une partie de son pouvoir magique ? Toujours est-il qu'il abritait encore de temps à autres des cérémonies funèbres en hommages aux personnages illustres de la République. Huang était donc bien placé pour tenir la chronique nécrologique du Parti qui est, pour tous les experts, l'un des meilleurs baromètres de la pékinologie. La participation à une cérémonie, l'ordre de préséance dans la liste des généreux donateurs de couronnes et mille autres petits détails pouvaient vous éclairer sur les hommes en place et les alliances en cours mieux que la lecture journalière du Quotidien du Peuple.

Grodaeg salua la secrétaire et se mit immédiatement au travail. Ils passèrent en revue les points à régler au cours du séjour et complétèrent la liste des clients et prospects à visiter. Il était déjà 5 heures et demie quand ils relevèrent la tête. Ils n'avaient que le temps de partir pour le dîner au restaurant Feng Shan.

Vendredi, 17 h 50. Direction de la Sécurité publique.

Peng écoutait attentivement le rapport de Xiao Tang.

– … Zhou a déposé Madame Goulet à son hôtel puis s'est rendu directement chez Hu. Son entrevue n'a duré que quelques minutes. Il est retourné ensuite à son bureau. Il a convoqué Wang Delun et Chen Dahong qui sont deux de ses plus proches adjoints. Je vous ai apporté leur dossier. Wang n'est à la Sécurité d'Etat que depuis quelques mois, attaché à l'opération Réunification. Vous connaissez Chen.

Peng resta pensif. Sa position devenait chaque jour plus inconfortable… s'attaquer à Hu n'était pas sans risque… Sa position au sein du Comité permanent du Bureau politique lui conférait des pouvoirs discrétionnaires. Si Hu, à la suite d'une erreur ou d'une maladresse, se rendait compte des moyens mis en œuvre pour le surveiller, il pouvait l'écraser comme un insecte, avant que ses amis ne puissent tenter quelque chose pour lui. Le tenteraient-ils d'ailleurs? Les supérieurs de Peng s'appuyaient aussi sur des connections à très haut niveau, au sein du Comité Permanent également, mais la liaison n'était pas directe et Peng avait trop souvent vu sauter des fusibles pour savoir qu'il risquait gros au milieu de ce combat de chefs.

– Vous me mettez une équipe sur ce Chen et son copain Wang, je veux savoir ce qui se trame, dit Peng en signifiant à Tang la fin de l'entrevue d'un petit geste de la main. Ce dernier se leva et disparut sans un mot dans le couloir.

Resté seul, Peng feuilleta les dossiers posés sur son bureau. Wang avait des références impressionnantes mais n'avait rien d'un comploteur. Chen était déjà plus nauséabond : il avait survécu et même prospéré au cours de toutes les turbulences qu'il avait traversées, trahissant allégrement ses amis quand son intérêt était en jeu. Il avait, comme beaucoup de ses collègues à cette époque, passé quelques années dans un goulag, au moment de la Révolution culturelle, mais lui, comme garde-chiourme.

Le dossier de Denise Goulet était plus alléchant. Les photos étaient d'assez bonne qualité et la montraient sous tous les jours possibles. Elle avait atteint la pleine maturité et resplendissait de vie. Peng aimait plutôt les femmes d'âge mûr et bien en chair. Son dossier la présentait comme une intermédiaire importante dans l'importation de matériel sensible, sous embargo international, destiné notamment à l'opération Réunification.

Peng aurait aimé en savoir davantage sur cette opération, ses supérieurs encore plus que lui, mais Hu avait été le plus malin et n'avait regroupé que des hommes à lui dans cette organisation. Des rapports d'activité top secrets étaient régulièrement remis aux plus hautes instances du pays mais pouvaient ne pas refléter toutes les activités réelles et les objectifs cachés de ce groupe. Peng était même persuadé que Hu, sous ses allures de patriote, camouflait de noirs desseins.

Peng consulta sa montre ; il avait largement le temps de dîner chez lui avant de passer à l'hôtel Jingguang, où l'attendaient ses amis Grodaeg et Huang. Deux joyeux loustics que ces deux là ! Peng les connaissait de longue date. C'étaient de bons commerçants mais avec un fort penchant pour la gaudriole, surtout Grodaeg. Peng avait dû céder à ses instances lors de son premier voyage en France et depuis celui-ci s'efforçait de lui trouver des endroits toujours plus canailles à chacun de ses voyages. Le plus dur était de lui offrir une contrepartie équivalente au cours de ses séjours à Pékin.

Heureusement, Peng travaillait dans une administration qui se tenait informée des points chauds qui surgissaient ici et là dans la capitale. Et puis, Denise Goulet était également descendue dans cet hôtel, cela faisait une deuxième raison pour y traîner ses grègues.

Vendredi, 18 heures.
Parc Bei Hai, Restaurant Feng Shan.

Huang et Grodaeg arrivèrent pile à l'heure dans le parc Bei Hai, littéralement Parc de la mer du nord.

Le restaurant Feng Shan était au pied d'une grosse pagode blanche et ventrue posée sur une île séparée de la Cité ronde par un pont à arches. Le lieu n'avait rien perdu de son pouvoir d'évocation magique ; tout rappelait encore les fastes de la cour ou les angoisses d'un Pierre Loti, contraint d'y résider, avec son intendant, au lendemain du siège des légations.

Mais Grodaeg s'en moquait ; il était venu pour rencontrer ses clients et pour goûter à ce qui restait de la cuisine impériale ou plutôt à ce qui en ressuscitait après bien des années noires où la frugalité avait été mise au rang des vertus révolutionnaires par principe et par nécessité. La révolution n'est pas un dîner de gala, avait dit le Président Mao, et le peuple chinois pourtant tout à la fois glouton, gourmand et gourmet avait dû se soumettre et assister impuissant à la longue agonie de sa cuisine, quand ce n'était pas au meurtre de ses cuisiniers.

Une hôtesse à la porte du restaurant le conduisit vers le salon réservé par NORINCO, société de commerce appartenant au ministère chinois de la Défense. Monsieur Chang, Directeur du Département international, l'attendait déjà, accompagné de huit autres de ses collègues.

Les présentations terminées et les cartes de visites échangées, chacun prit sa place autour de la grande table ronde. Grodaeg, en tant qu'invité, était placé face à la porte à la droite de Chang.

Signe prémonitoire d'une cuisine renaissante, le premier plat servi se nommait le Phénix impérial et ses dix trésors. Il consistait en un énorme plat de porcelaine bleu-blanc à marly ajouré dans le centre duquel trônait un Phénix fait de lamelles de poulcts et de canards entourées d'une dizaine de plats froids.

Une serveuse se coula entre Grodaeg et son voisin afin de les servir. Elle était jeune et appétissante et se collait à lui sans gêne apparente, en toute ingénuité. Grodaeg se força à se concentrer sur les plats qui défilaient devant lui en refoulant les mauvaises pensées qui l'assaillaient au contact de ce corps chaud et vigoureux. Il reconnut au passage des œufs de cent ans dont le jaune avait viré au vert noirâtre et gluant, de la gelée d'agneau qui tremblait comme une fesse couverte de cellulite, du poisson séché et des crosnes légèrement saumurés.

Son hôte leva son verre pour le premier toast en l'honneur de sa visite et du bon déroulement de leurs affaires.

– Gan bei ! Monsieur Guelodeugue s'écria-t-il, encourageant ainsi Grodaeg à vider son verre cul-sec. C'était du Maotai, petit alcool blanc de céréales qui ne devait pas dépasser les 65 degrés. Grodaeg vida son verre d'un trait et conserva un instant la bouche ouverte inspirant et soufflant profondément pour éteindre la fournaise qui lui brûlait la gorge.

– Encore un ou deux verres comme ça, se dit-il, et il va prononcer mon nom sans bafouiller !

Les mets continuèrent d'affluer. Ses partenaires de NORINCO avaient mis les petits plats dans les grands. Ils avaient vraisemblablement quelque chose à lui demander. Cela viendrait sûrement entre le riz et le dessert, car le riz n'arrivait dans les banquets qu'en fin de repas.

En attendant, le célèbre menu de siège du Café Voisin, en 1870, où les animaux du Jardin d'Acclimatation étaient tous passés à la casserole, était en train d'être ridiculisé. Après les entrées froides, il lui fut servi successivement un potage aux nids d'hirondelles, des holothuries aux bambous, de la bosse de chameau et des pattes d'ours. Grodaeg s'enquit discrètement auprès de Huang pour savoir si ici aussi, ils avaient eu des problèmes avec le zoo.

Grodaeg avait déjà eu droit à la bosse de chameau lors d'un de ses précédents banquets. Comme la fois passée, elle fut servie en ragoût dans une sauce grasse et sirupeuse. Le goût était assez fort et ne laissait pas de souvenirs impérissables au palais. La chair de la paume d'ours était en revanche une première pour lui et s'avéra plus délicate. Elle avait dû mijoter de longues heures avec des aromates et les cartilages avaient pris une consistance gélatineuse et fondante.

– Ce plat coûte une fortune et devient extrêmement rare à déguster de nos jours l'assura Monsieur Zhang avec un sourire. À la différence de la politesse française, ici, quand on faisait dans le cher on ne s'en cachait pas!

Les plats continuaient d'arriver et Grodaeg n'en voyait pas la fin. La conversation était passée des pattes d'ours au foie gras et n'avait à aucun moment effleuré le sujet du business. Personne n'avait l'air de s'en formaliser.

– Je vous ai commandé une surprise, Monsieur Golodeugo. Goûtez-moi ça et dites-moi ce que vous en pensez.

Grodaeg se méfia d'autant plus que le plat avait l'air anodin. C'était une espèce d'éponge entourée par un petit bouillon de poulet. Il en porta un morceau à sa bouche, rendu anxieux par les regards qui convergeaient vers lui. Le goût était plutôt délicat. La consistance molle du pâté contrastait avec des petits grains croustillants incorporés à l'intérieur, au goût prononcé de crevettes. Le tout était assez agréable mais Grodaeg ne comprenait toujours pas d'où pouvait provenir l'extase tant attendue par ses hôtes.

– C'est délicieux se contenta-t-il de déclarer.

– C'est également un plat très ingénieux, lui expliqua Monsieur Zhang, le fromage de soja que vous voyez au centre demande une cuisson infiniment plus lente que celle des minuscules crevettes dont il est farci et qui doivent, elles, impérativement conserver tout leur croquant, au risque de dénaturer ce plat superbe.

Monsieur Zhang s'arrêta un instant, semblant savourer son plaisir. Grodaeg ne voyait toujours pas où il voulait en venir.

– Toute la question est donc de résoudre cet épineux problème. Comment farcir ce soja fermenté à la cuisson si longue avec des crevettes à peine cuites ?

L'astuce consiste à préalablement cuire votre fromage et à le laisser refroidir. Il doit être ensuite placé dans une grande casserole de bouillon froid dans laquelle vous jetez également vos petites crevettes vivantes et vous redémarrez très lentement votre cuisson, très lentement. Au fur et à mesure de la montée en température, les crevettes cherchent alors refuge au cœur du pâté qui reste un tantinet plus frais que votre bouillon, et le farcissent ainsi en gardant leur consistance croustillante qui aurait disparu au cours d'une cuisson trop longue. Ingénieux, n'est-ce pas ?

Il serait intéressant de demander aux crevettes ce qu'elles en pensaient.

C'est avec un certain soulagement que Grodaeg vit arriver presque simultanément le poisson et la soupe aux ailerons de requins qui étaient censés être les derniers plats du banquet. Le poisson fut placé au milieu de la table. Il était grillé et nappé d'une sauce rouge caramélisée. Grodaeg vit avec inquiétude la bouche du poisson s'ouvrir et se refermer. Il n'en croyait pas ses yeux ; Il est vrai qu'il en était à son neuvième ou dixième ganbei mais sa vue ne le trahissait pas ; le poisson grillé respirait encore.

Monsieur Zhang ne put se retenir de rire devant son air étonné :

– C'est une question de dextérité et de rapidité lui expliqua-t-il, il faut envelopper la tête de votre poisson vivant dans un torchon humide qui vous permet de plonger le corps dans une friture bouillante pendant quelques secondes sans vous brûler. Vous le nappez ensuite de sauce et vous le servez immédiatement. La tête n'ayant pas été touchée, votre poisson continue de réagir instinctivement. Mais n'ayez pas peur, Monsieur Golodogueu, vous pouvez le manger sans crainte : il est frais mais il ne ressent plus rien.

Ce n'est pas comme avec vos nouvelles grenades qui laissent les gens bien en vie mais complètement groggy, poursuivit Monsieur Zhang, il faudrait que vous nous en envoyiez quelques échantillons, nous serions ravis de pouvoir les tester.

– C'est parti se dit Grodaeg.

La conversation s'était enfin engagée sur le business. Il fut très vite question d'un concurrent anglais qui venait bêtement de perdre un contrat pour un malheureux trois pour cent de rabais qu'il hésitait à incorporer dans son offre finale.

Grodaeg savait maintenant à quoi s'en tenir s'il désirait obtenir la commande. Les principales concessions avaient préalablement été soigneusement négociées par Huang et on lui laissait la responsabilité des derniers petits cadeaux destinés à renforcer… l'Amitié.

L'amitié cotait trois pour cent au café du commerce, les cours étaient en baisse.

C'était bien sûr encore un petit quelque chose de pris

sur la marge mais Grodaeg s'y était de toute façon préparé et cette dernière demande semblait, tout compte fait, acceptable. Prudent, il se montra ouvert et leur promit une réponse rapide. Il devait au préalable obtenir un agrément de ses commettants en France. Mieux valait ne pas laisser la porte ouverte à de nouvelles exigences avant la signature finale de l'accord.

La fin du repas approchait. La serveuse avait déposé au milieu de la table un plat de pommes caramélisées accompagnées d'un bol d'eau froide. Elles les avait saisies prestement une à une avec ses baguettes, les trempant préalablement dans l'eau froide, avant de les déposer dans chaque assiette.

Grodaeg tenta de décoller les morceaux de pommes qui avaient lâchement profité de ses palabres pour faire corps avec son assiette. C'est le type même du dessert qui n'admettait aucune faute d'inattention. Trop rapide, c'était la brûlure assurée, trop lent, et votre dessert se soudait à la vaisselle.

La dernière bouchée avalée, Monsieur Zhang leva un dernière fois son verre à l'amitié et à la concrétisation de leurs affaires et chacun se sépara, sans plus de cérémonie. C'était un des charmes de ce pays ; on ne s'attardait ni à table ni au salon.

Restés seuls, Huang et Grodaeg décidèrent de marcher un peu dans le parc. Un petit vent frais et vivifiant ne pouvait que les aider à se remettre de ce festin. Un mince croissant de lune rivalisait avec de lointains reflets de lumières qui ricochaient du bout du lac. Les feuilles commençaient à tomber. Cette marche, dans ce qui était encore au début du siècle une partie de la Ville Interdite, redonnait au lieu tout son mystère. Grodaeg n'aurait pas été surpris de croiser sur son chemin l'Impératrice et sa suite ou le fantôme d'un poète ivre s'en allant en dansant ramasser l'ombre de la lune dans le reflet de l'onde… Le charme dura jusqu'au grand portail de bois rouge.

– Peng nous attend à l'hôtel ?

– Oui, comme il se doute que tu dois être fatigué, il se propose de nous inviter à dîner demain soir. Ce soir, il ne nous fera qu'une petite visite de courtoisie mais tiens toi prêt pour demain ; je ne sais pas quel endroit il va encore nous dégoter.

– Tu sais ce qu'il a en tête ? s'inquiéta aussitôt Grodaeg.

Huang lui sourit et haussa les épaules :

– Tu le connais aussi bien que moi, non ?

Il était vrai que Grodaeg le connaissait bien. C'était un des pontes de la Sécurité publique, la fameuse Gong An Ju. Cela faisait presque dix ans qu'ils travaillaient ensemble et Peng était venu plusieurs fois en France. Loin des contraintes de son ministère, qui n'était pas celui de la foi, Peng se rattrapait joyeusement de longues années d'abstinence et d'ascétisme forcés.

Grodaeg était souvent contraint de quémander auprès de vieilles connaissances, à la Mondaine, quelques bonnes adresses afin d'agrémenter leurs fins de soirées parisiennes. Un chaud lapin, ce Peng.

Vendredi, 20 heures.
Hôtel Jingguang.

Peng consulta sa montre. Il avait pris de l'avance sur son rendez-vous. Tang l'attendait, tapi dans la pénombre derrière un pylône, dans la semi-obscurité du parking :

– Zhou est là, au deuxième sous-sol, il est en grande conversation avec Madame Goulet. Nous ne pouvons pas entendre ce qu'ils se disent mais ça a l'air de chauffer. Par deux fois Madame Goulet a voulu sortir et par deux fois Zhou l'en a dissuadée. Vous souhaitez les voir ?

Peng hocha la tête. Tang le mena vers une porte en fer peinte en vert et entra dans un petit réduit où un des agents de Tang s'activait devant une console d'écrans. Il déplaça légèrement son siège de côté, de manière à permettre à Peng et à Tang de contempler le spectacle. L'image était en noir et blanc, captée par une minuscule caméra de surveillance. Peng distingua clairement Zhou et Madame Goulet, discutant à l'arrière d'une Toyota. La tension à l'intérieur du véhicule paraissait effectivement assez élevée. Madame Goulet semblait vouloir refuser quelque chose avec véhémence. Peng aurait donné cher pour connaître l'objet du litige.

– Il n'y a pas moyen d'avoir le son ?

– C'est déjà pas mal qu'on puisse ainsi les filmer. C'est la croix et la bannière pour obtenir le moindre équipement, bougonna Tang, les preneurs de son à distance sont sous clé de peur qu'on ne les use inutilement !

Peng en avait assez vu.

– C'est bon, je monte. Prévenez-moi s'il se passe quelque chose de nouveau. Je serai dans le hall de l'hôtel.

Il s'installa confortablement dans un des fauteuils du lobby, fit un petit signe à l'une des serveuses et commença à observer la salle. Son regard s'arrêta sur deux tables de jeunes filles apparemment plus attentives à surveiller la salle qu'à consommer. Peng soupira, il était impossible de les convaincre qu'elles feraient mieux de travailler en usine quand elles pouvaient se faire avec un seul client l'équivalent de trois mois de salaire.

Peng, comme la majorité de ses compatriotes, aurait tué sa fille s'il l'avait trouvée à faire ce métier, mais n'était pas trop choqué par la profession en elle-même, du moment qu'elle était bien rétribuée. L'argent conservait dans le subconscient chinois un pouvoir rédempteur, mais cette tolérance ne concernait que les autres, pas son entourage immédiat.

Vendredi, 20 h 20.

Vingt heures étaient déjà largement passées quand Xiao Lu déposa Grodaeg et Huang sur le parvis de l'hôtel. À peine eurent-ils poussé la porte à tambour qu'ils aperçurent Peng patiemment assis près du bar. Ils se pressèrent vers lui en s'excusant de l'avoir fait attendre.

Des fauteuils leur tendaient les bras. Ils s'y installèrent et commandèrent un verre ; Ils se laissèrent tenter par une charmante serveuse qui leur imposa sans effort un cocktail maison. Il faut dire que les fauteuils étaient aussi profonds que l'échancrure de sa robe traditionnelle montait haut. Ils parlèrent un moment de la pluie et du beau temps puis passèrent en revue les affaires en cours. Ils se préparaient à se séparer quand un remue-ménage vint rompre la sérénité du lobby.

Un minuscule Chinois fluet tentait de soutenir une Denise Goulet manifestement très gaie, qui l'étouffait à moitié en riant et en poussant des jurons bien sentis. Ils se dirigeaient vers le comptoir d'accueil mais, sentant qu'il risquait de ne pouvoir l'atteindre, le brave porteur-secouriste préféra sagement déposer son fardeau dans un des fauteuils du hall, ce qui déclencha chez Denise un éclat de rire sonore ponctué de jurons bien sentis.

Au nom d'une amitié passée et de la réputation de la France, Grodaeg s'approcha de l'infortunée pour lui offrir son aide :

– Veux-tu un petit coup de main pour regagner tes pénates ?

– T'es encore là, toi ! Ça sera pas de refus, parce que ces sagouins mont fait boire la moitié d'un tonneau. Ils croyaient m'avoir mais je te garantis que j'en ai laissé au moins quatre, raide-morts sur la table.

Elle avait néanmoins manifestement laissé quelques

plumes dans la bagarre. Son corsage blanc sentait l'alcool à plein nez. Grodaeg s'apprêta à l'aider à se relever mais elle le retint en bafouillant :

– Attends ! J'ai perdu ma clef ! Il est parti m'en chercher une nouvelle.

Le brave Chinois rouge de honte et essayant de se faire le plus petit possible, chose facile vue sa taille, revenait en brandissant une clef qu'il confia à Grodaeg et prit prestement congé sans demander son reste. Huang, bon enfant, vint donner un coup de main à son chef, sous l'œil intéressé de Peng qui ne perdait pas une miette du spectacle.

Comment Denise Goulet avait-elle fait pour se saouler en aussi peu de temps ?

Peng aperçut Tang sortant par une porte latérale, un journal sous le bras. Le journal signalait qu'il avait quelque chose à lui dire. Peng s'excusa auprès de ses amis et prit congé d'eux, les laissant à leur tâche herculéenne.

Ils n'étaient pas trop de deux pour aider Denise Goulet à s'extirper du fauteuil. Ils partirent en direction des ascenseurs, se tenant tous les trois aux épaules et essayant de conserver leur air le plus digne, excepté Denise qui avait entamé le grand air de l'artilleur de Metz rentrant de garnison.

La rentrée dans l'ascenseur fut épique et il leur fallut la dextérité d'un chausse-pied pour lui faire passer le seuil de sa chambre. Ils décidèrent de s'éclipser sans attendre son réveil après qu'elle se fut écroulée sur son lit.

Satisfaits du travail accompli, ils redescendirent vers le bar pour se remettre de leurs émotions. Annie Coulomb les y attendait, assise devant un cocktail, en compagnie d'un homme âgé d'une cinquantaine d'années, la chemise entrouverte sur un poitrail velu où brillait une chaînette en or.

Annie Coulomb fit les présentations :

– Monsieur Huang et Monsieur Grodaeg, dont je vous ai déjà parlé, Monsieur Fournier, Directeur adjoint de la COFACE. Denise Goulet n'est pas avec vous? demanda-t-elle avec un sourire ambigu. Eux aussi avaient dû assister au spectacle, à n'en point douter.

– Elle s'est sentie un peu souffrante; elle a préféré partir se coucher lui répondit Grodaeg sans sourciller.

– Quel dommage! Elle va nous manquer. Monsieur Fournier l'a trouvée charmante.

Grodaeg envoya sous la table un coup de pied à Huang qui marmonnait une réplique peu flatteuse et, se méfiant de ses réparties cinglantes, préféra détourner la conversation sur des sujets moins sensibles. Monsieur Fournier n'en était pas à son premier voyage en Chine mais à la différence de beaucoup de ses concitoyens, Paul Fites en tête, il ne prétendait pas tout connaître de ce pays. Sa conversation était plaisante et ses remarques non dénuées d'humour et de bon sens.

Grodaeg n'en oubliait pas pour autant Annie Coulomb qui, de son côté, ne semblait pas indifférente à son charme. Réflexe révélateur ou geste calculé? Toujours est-il que Grodaeg, alors qu'il se préparait à prendre congé de ses amis, renversa par inadvertance le verre d'Annie sur sa robe. Il se précipita pour tenter de réparer les dégâts mais ses efforts ne firent qu'aggraver la situation. La serviette en papier avec laquelle il essaya d'éponger sa maladresse déteignait, laissant de belles traînées rouges sur le vêtement. Heureusement pour lui, Annie prenait bien la chose et le réconforta d'un sourire empreint de gentillesse.

– Allons! Je crois que je vais moi aussi profiter de votre ascenseur pour regagner mes pénates.

Monsieur Fournier agrippa le bras d'Annie Coulomb qui s'apprêtait à partir :

– Merci pour les documents que vous m'avez fait passer. Avez-vous reçu d'autres nouvelles de Suisse ?

– Toujours rien pour le moment, Monsieur, mais je pense que nous ne devrions pas tarder à être fixés. Lui répondit-elle en se dirigeant, accompagnée de Grodaeg, vers les ascenseurs.

Sitôt rentré dans sa chambre, Grodaeg se dépêcha de filer sous la douche. Il avait l'impression que les effluves de son dîner lui collaient encore à la peau.

Il s'offrit tout d'abord un massage sous un jet puissant et brûlant, à la limite du supportable, et entreprit de se savonner consciencieusement.

Comme toujours en pareille circonstance, la sonnerie de la porte d'entrée le surprit en pleine action. Il sortit, tout dégoulinant d'eau, les yeux pleins de savon, et attrapa à tâtons sa serviette posée sur le rebord de la baignoire pour s'en ceindre la taille.

Il se dirigea vers la porte en maugréant contre les importuns mais, à sa grande surprise, se retrouva nez à nez avec Annie Coulomb figée sur son palier, un sac de sport à la main. Il resta un moment penaud, sans comprendre, puis se ressaisissant, la fit entrer en s'excusant de sa tenue pour le moins négligée.

– Pardonnez mon intrusion mais j'ai un électricien dans ma chambre. J'ai pensé que je pourrai peut-être abuser de votre gentillesse et profiter de votre salle de bain pour me changer. Je ne sais pas combien de temps il lui faudra pour finir ses réparations.

Grodaeg avait maintenant retrouvé tous ses esprits.

– Laissez-moi juste une petite seconde pour me rincer et la salle de bain est à vous.

Il la laissa déposer son sac dans la chambre tandis qu'il

se dépêchait de repasser sous la douche. Il ne s'attarda pas et ressortit quelques secondes plus tard de la cabine. Les yeux embués d'eau, il sc saisit de sa serviette et se tamponna délicatement le visage.

C'est alors qu'il s'aperçut de la présence d'Annie Coulomb qui, adossée au chambranle de la porte, ne perdait rien du spectacle, semblant même l'apprécier à sa juste valeur.

Par réflexe, Grodaeg eut un geste pour cacher les attributs de sa virilité, ce qui eut pour effet de déclencher le petit rire cristallin de la jeune femme.

– Je suis désolée, mais je crois que j'en ai déjà trop vu !

Elle lui rendit un sourire complice et lui tourna le dos en lui montrant une magnifique fermeture-Éclair :

– À mon tour de passer sous la douche ! Si vous voulez bien m'aider à me débarrasser de cette robe humide, elle me colle à la peau.

Annie Coulomb n'était pas du genre farouche et ce n'était pas pour déplaire à Grodaeg. Il descendit lentement le curseur qui emplit la pièce d'un doux crissement, il alla même jusqu'à l'aider à dégrafer son soutien-gorge. Elle était ravissante en tenue d'Adam. Il patienta ensuite avec une serviette propre, prêt à s'occuper d'elle dès sa sortie de la douche.

Son zèle n'eut pas l'air de lui déplaire. Elle se laissa docilement essuyer, pivotant lentement sur elle-même pour faciliter l'opération.

Il exécuta sa tâche avec minutie, épongeant doucement les dernières gouttes qui perlaient à hauteur des omoplates, musardant du côté des lombaires et des hanches et s'appliquant avec gourmandise sur les reliefs avoisinants. Il poussa même le zèle jusqu'à s'assurer, en la parcourant du doigt de la nuque au coccyx, que la colonne vertébrale était bien sèche.

Annie Coulomb ne put s'empêcher de frissonner sous la caresse. Elle se retourna et se colla à lui en l'enlaçant langoureusement :

– Le coup de la panne d'électricité, c'est de vous ?

Samedi 26 octobre 1996, 2 heures.
Hôtel Jingguang, chambre 1317

Wang scruta sa montre et fit un petit signe de tête à Denise Goulet assise anxieuse au bord de son lit. Il était l'heure de passer à l'action.

Wang maudit encore une fois ce crétin de Zhou qui lui imposait cette complice inutile et dangereuse. Il avait déployé tous les arguments possibles pour éloigner la menace que constituait cette femme pour le bon déroulement de l'opération : le non-professionnalisme, la non-fiabilité, l'encombrement inutile, mais Zhou n'avait pas cédé.

– Nous serons plus sûrs d'elle quand elle aura été mouillée. Elle va te mâcher le travail, elle a plaidé pour qu'on la laisse essayer de convaincre Monsieur Fournier de quitter la Chine sur le champ. Tu la laisseras faire, elle t'ouvrira gentiment la route, tu n'interviendras qu'après.

Ils étaient convenus que Lao Wang suivrait Denise Goulet jusqu'à la porte de la chambre en feignant d'attendre le résultat de son entretien avec Fournier.

Lao Wang jeta un rapide regard dans le couloir. La voie était libre. Il la laissa prendre de l'avance.

Il profita de son départ pour ouvrir sans un bruit le placard situé près de la porte d'entrée et saisir un des oreillers de rechange qui s'y trouvaient. Il arriva dans le couloir au moment où Denise Goulet frappait à la porte de la chambre de Fournier.

Elle prononça quelques mots d'une voix feutrée. Au bout de quelques secondes la porte s'ouvrit et se referma sur elle. Lao Wang s'avança silencieusement à son tour. Un costume, enveloppé dans un plastique transparent, était accroché à la poignée, l'empêchant d'y glisser son passe. Le couloir était calme… il sortit son pistolet et y vissa le silencieux dont il s'était équipé. Il décrocha délicatement le costume et le posa bien plié sur son bras armé, puis il enfila le passe dans la serrure en prenant soin de ne pas perdre son oreiller et pénétra sans bruit dans la chambre. Fournier, appuyé au chambranle de la porte des toilettes lui tournait le dos en faisant face à Denise Goulet.

Les yeux de cette dernière s'écarquillèrent de stupeur en l'apercevant. L'épouvante qui s'exprima dans son regard avertit Fournier qui se retourna d'un coup. Il encaissa les trois balles sans un bruit en s'affaissant lentement sur le sol comme dans un film muet passé au ralenti.

Lao Wang referma prestement la porte de la chambre. Denise Goulet ouvrait et refermait la bouche comme un poisson manquant d'eau. Lao Wang la força à s'asseoir sur le lit et se dirigea vers le bureau de la chambre. Il entassa rapidement dans le porte-documents en cuir posé à même le sol les quelques dossiers qui traînaient sur la table. Il s'apprêtait à ramasser le portefeuille tombé à terre à côté de la sacoche quand un craquement le fit sursauter. Denise Goulet se tenait toujours assise immobile sur le bord du lit, contemplant sans comprendre le corps inerte de Fournier. Le bruit était venu du dehors ou de la chambre voisine.

Lao Wang enjamba le cadavre et bondit silencieusement jusqu'à la porte qu'il ouvrit d'un coup sec. Un homme, courbé en deux, avait collé son oreille à la porte. Lao Wang ne lui laissa pas le temps de se redresser, il l'assomma d'un coup sur la nuque, et le traîna sur le corps encore chaud de Fournier. Denise Goulet hoqueta en apercevant le corps que Lao Wang venait de délester de son arme.

Un pistolet dans chaque main, Lao Wang contemplait sa deuxième victime. Sa tête lui était familière. Ce n'était pas le moment de perdre du temps à trop réfléchir. Il se débarrassa de son arme sur les genoux de Denise Goulet et lui tendit également le porte-documents. Il s'assura que sa victime était toujours bien sonnée et la cala sur son épaule comme un vulgaire sac de riz. Il fit signe à Denise Goulet de le suivre et, ayant jeté un rapide coup d'œil sur le couloir, ils sortirent de la chambre en prenant soin de ne pas claquer la porte.

Lao Wang s'arrêta à la porte de l'escalier de secours. D'un signe il ordonna à Denise Goulet de poursuivre sa route jusqu'à sa chambre tandis qu'il s'engageait doucement dans l'escalier, son fardeau toujours calé sur l'épaule.

La descente se déroula comme prévue jusqu'au deuxième sous-sol. Il n'y avait aucune raison qu'il croise quelqu'un dans l'escalier à cette heure-ci de la nuit, mais les événements venaient encore une fois de démontrer qu'on n'était jamais à l'abri d'une mauvaise surprise. Il déchargea son colis à l'arrière de la camionnette de service qui l'attendait au parking. Zhou sortit du véhicule.

– Un contretemps ?

Lao Wang lui désigna sans un mot son colis. Zhou le retourna sur le dos.

– C'est Tang, un homme de Peng, il faut s'en débarrasser. Nous dirons qu'il a tenté d'intervenir, mettant en danger le succès de cette opération, et qu'il nous a fallu l'abattre.

La sentence était tombée comme une remarque anodine et sans importance. Il s'agissait tout de même d'un inspecteur de la Sécurité publique. Lao Wang le regardait sans comprendre.

– Nous faisons un métier où la pitié n'est pas de mise, poursuivit Chou.

Voyant que Lao Wang ne comprenait toujours pas le sens exact de ses paroles, Zhou changea son fusil d'épaule.

– Je vais demander à Xiao Chen de s'en occuper, il est dans l'autre voiture en train d'attendre le départ de son feu d'artifice.

Zhou lui fit un signe de la main puis se tourna à nouveau vers Wang. Ce dernier était toujours sous le choc de la décision d'abattre Tang. Lao Wang avait été recruté pour affronter des ennemis de l'extérieur et non pas des compatriotes, fussent-ils de services différents.

– Denise Goulet? Lui demanda Zhou d'un ton volontairement brutal.

– Elle est rentrée dans sa chambre. Elle a l'air choqué. Faut que j'y remonte, je lui ai laissé mon flingue et les documents, j'étais un peu trop encombré, j'ai gardé l'arme de service de Tang.

Zhou l'arrêta d'un geste. Celui-là avait l'air secoué, mieux valait éviter de l'envoyer dans les étages. Il lui prit l'arme des mains et lui conseilla :

– Je m'en occupe, rentre chez toi, ce n'est pas la peine de traîner trop nombreux dans le coin.

Xiao Chen s'était extirpé de sa voiture et contemplait le coffre de la camionnette avec un œil gourmand. Il n'avait pas besoin d'explications pour comprendre ce que l'on attendait de lui. Il lui tendit l'arme que venait de lui remettre Lao Wang. Il inventa, à l'intention de Chen, une petite fable, destinée à maquiller l'exécution de Tang.

– Il vient de tuer Fournier, avec son arme de service. Il a dû se cacher dans le parking à la suite de son forfait. Heureusement, tu l'as déniché. Il se sera fait tuer durant l'échange de coups de feu.

Il s'éloigna, laissant Xiao Chen à sa tâche. Sa mise en scène ne tiendrait sûrement pas une analyse balistique, mais Zhou était serein, cette enquête lui serait sans nul doute confiée.

Peng commençait à devenir encombrant. Peut-être allait-il falloir aviser. Il était difficile de croire que Tang se soit trouvé là sans raison. La partie devenait plus ardue. Peng le surveillait plus étroitement qu'il ne l'avait soupçonné et le connaissant, il n'allait certainement pas apprécier de voir son assistant accusé d'un meurtre. Le plus urgent pour le moment était de récupérer les documents compromettants et l'arme du crime.

Il prit la peine d'appeler Denise Goulet avant de monter la voir. Elle aussi devait être suffisamment perturbée pour ne plus ouvrir sa porte au premier venu. Elle insista pour venir le rejoindre au rez-de-chaussée. Au ton de sa voix, Zhou comprit qu'elle était morte de trouille. Il l'attendit sagement à la porte des ascenseurs.

Denise Goulet poussa un petit cri de peur en l'apercevant à l'ouverture des portes. Elle se réfugia au fond de la cabine, craignant d'être abattue, se protégeant derrière la mallette de cuir, comme si un mètre de plus et trois centimètres de peau de vache pouvaient lui assurer une protection efficace. Zhou cala la porte d'un pied et lui tendit ses mains vides pour la rassurer.

À moitié tranquillisée, elle lui tendit le porte-documents. Zhou s'en saisit et lui dit, avec son plus beau sourire :

– Je crois qu'il y avait aussi un pistolet.

– Je l'ai laissé dans la chambre, lui répondit Denise Goulet, je voulais pas y toucher ! Pourquoi l'avez-vous tué ?! Vous m'aviez promis de me laisser le convaincre !

Sa voix au bord de l'hystérie était étouffée par les larmes. Elle était à deux doigts de la crise de nerfs.

Zhou rentra dans la cabine dont les portes se refermèrent aussitôt. Il appuya sur le bouton du treizième. Denise Goulet sanglotait nerveusement derrière lui.

Zhou jeta un coup d'œil sur sa montre.

– Dépêchons-nous, lui dit-il, l'incendie dans la chambre de Madame Coulomb doit se déclarer dans quelques minutes seulement.

Denise Goulet le fixait hébétée. À peine l'ascenseur arrêté, elle sortit la première de la cabine en le repoussant à l'intérieur. La peur décuplait ses forces.

– Ne sortez pas de là, ou je crie ! Vous n'êtes qu'un

vulgaire assassin ! Je pars demain ! N'essayez pas de m'en empêcher ! Vous êtes fou à lier !

Zhou se tint coi. Elle était trop excitée pour qu'il puisse la ramener à la raison. Les portes se refermèrent sur lui. Tant pis pour le pistolet. Il regretta sa décision d'avoir voulu l'enrôler dans cette opération. Décidément, la psychologie des occidentaux était vraiment difficile à comprendre. Il avait cru pouvoir la rendre plus malléable et plus tendre, elle en ressortait plus coriace encore, plus coriace et plus dangereuse. Il n'était pas question qu'elle retourne en France dans cet état d'esprit, et après ce qu'elle venait de voir…

Samedi 26 octobre 1996, 2 h 47.
Hôtel Jingguang, chambre 933.

La sonnerie du téléphone réveilla Grodaeg en sursaut. Il lui fallut quelques secondes avant de recouvrer ses esprits. Il resta un long moment le combiné collé à l'oreille sans vraiment comprendre le contenu du message enregistré qui défilait en anglais et en chinois. Une voix aigrelette lui signifiait une alerte incendie et lui ordonnait de quitter immédiatement la chambre et de se rendre dans le hall de l'hôtel sans emprunter les ascenseurs. Encore abruti de sommeil, il remercia le répondeur automatique qui continuait à débiter ses conseils.

– Que se passe-t-il ? lui demanda Annie Coulomb d'une voix pâteuse.

– Il paraît que nous avons une alerte incendie. On nous demande d'évacuer les chambres d'urgence.

Par chance, l'alimentation électrique ne semblait pas touchée. Annie Coulomb sauta dans sa robe et jeta rapidement sa montre et quelques bijoux dans son sac de sport. Grodaeg le lui prit des mains et ils se dirigèrent vers les escaliers de secours. Ils rencontrèrent plusieurs personnes sortant comme eux précipitamment de leurs chambres. Un embouteillage s'était formé dans l'escalier de secours qui retentissait de jurons et de vociférations. Ce n'était pas, à proprement parler, la panique, mais la descente se faisait à un rythme très ralenti et chaque étage apportait son lot d'arrivants qui tentaient de s'insérer dans la cohue. Certains étaient encore en pyjama, d'autres habillés des pieds à la tête. Quelques-uns traînaient leurs valises, ce qui ne contribuait pas, loin de là, à la fluidité de l'évacuation.

Ils débouchèrent dans le hall déjà noir de monde.

Grodaeg imagina avec frayeur ce qu'aurait pu être cette expérience dans l'obscurité, avec de la fumée envahissant la cage d'escalier. Annie lui cria quelque chose qu'il ne put comprendre tellement le vacarme était effroyable. Elle lui prit instinctivement la main et ils se cherchèrent un petit coin tranquille pour tenter d'échapper au tumulte ambiant mais tombèrent sur une bonne partie de la délégation française qui s'était regroupée autour de Fites et de Despierre. Grodaeg aperçut Denise Goulet qui s'était jointe au groupe. Il s'approcha d'elle. Elle devait déjà savoir ce qui se passait exactement. Elle l'aperçut et d'étonnement, marqua un mouvement de recul :

– Qu'est-ce que vous faites là? leur lança-t-elle d'une voix tremblante. Grodaeg mit son anxiété sur le compte de la panique.

– Je suis comme toi, j'attends. Tu as des infos?

Denise Goulet secoua la tête et lui fit signe d'écouter. Un homme d'affaires pieds-nus et en pyjama expliquait que le feu s'était déclaré à son étage qui était envahi par la fumée et qu'il avait dû courir vers les issues de secours sous les jets des sprinklers qui s'étaient déclenchés. Les services de sécurité étaient déjà sur place avec tuyaux d'eau et extincteurs. Le feu semblait s'être déclaré à l'étage qui abritait la majeure partie de la délégation.

Un responsable de l'hôtel, un européen à l'accent traînant, grimpa sur le comptoir d'accueil avec la vivacité d'une limace en rut et réclama le silence. L'incendie était, d'après lui, entièrement maîtrisé. Le feu, qui s'était déclaré dans une chambre du 13ᵉ étage, n'avait fait aucune victime. Les ascenseurs allaient être remis en service et chacun pourrait dans un moment regagner sa chambre. Seuls les occupants du treizième étaient invités à se faire connaître à la réception. L'hôtel était vraiment désolé… blabla…

Une vague de soulagement secoua l'assemblée et le brouhaha reprit de plus belle.

Grodaeg se rendit compte qu'Annie lui tenait toujours la main. Ceci expliquait peut-être la surprise de Denise Goulet en l'apercevant. On n'allait pas tarder à jaser dans les rangs de la communauté française. Un mouvement s'amorça vers les ascenseurs. Grodaeg se pencha vers Annie pour lui proposer de reprendre l'escalier de service plutôt que d'attendre une éternité leur tour, au pied des ascenseurs.

– Je crains qu'il ne te faille patienter quelques instants. Je te rappelle que ma chambre est située au treizième. Tu ne vois pas que ce soit celle-là qui ait brûlé.

Elle lui donna un rapide baiser sur les lèvres et se fraya un passage jusqu'au comptoir. Il l'aperçut quelques minutes plus tard lui faisant de grands signes.

– J'ai comme l'impression que l'on vous demande, susurra ironiquement Despierre, dans son dos. Celui-là n'avait pas non plus les yeux dans sa poche.

Grodaeg s'empressa de la rejoindre. Elle était entourée du responsable de l'hôtel et de deux Chinois armés de talkies-walkies qui sentaient le flic à plein nez. C'était un domaine où Grodaeg se trompait rarement.

– Que se passe-t-il ? demanda-il, subodorant déjà la réponse.

– Ce n'est pas une plaisanterie ! C'est bien ma chambre qui a brûlé, lui confia-t-elle.

Le manager l'interrogea rudement :

– Vous êtes avec Madame ?

– Je suis avec Madame, lui répondit fermement Grodaeg sur un ton qui n'admettait aucune réplique. Ce gros lard lui portait sur les nerfs qu'il avait justement à vif.

Puis se tournant vers les agents de la sécurité, il enchaîna directement en chinois :

– Que c'est-il exactement passé ?

Les deux agents parurent immédiatement soulagés de l'entendre parler chinois.

– Acceptez-vous de nous suivre dans le bureau ? Nous serons plus à l'aise pour discuter.

Ils se dirigèrent vers une petite pièce située derrière le comptoir d'accueil.

– Seriez-vous assez aimable pour dire à Monsieur le Directeur qu'il doit avoir fort à faire pour rassurer ses clients et que sa présence avec nous n'est pas nécessaire.

Grodaeg laissa passer Annie Coulomb en prenant soin de boucher le passage au directeur. Il lui referma la porte au nez sans attendre sa réaction.

Ils s'assirent face aux deux barbouzes. Il s'agissait bien de deux responsables de la sécurité de l'hôtel. Annie Coulomb se présenta et Grodaeg en fit de même, en prenant soin, une fois n'est pas coutume, d'exhiber sa carte tricolore de commissaire. Il ne la prenait habituellement avec lui que pour attendrir les douaniers à son arrivée à Roissy. Il fut assez satisfait par l'effet favorable qu'elle produisit sur ses interlocuteurs.

Annie Coulomb commença à répondre patiemment à chacune de leurs questions.

Le feu s'était déclaré à cause d'une couverture électrique maladroitement branchée. L'un des agents la sermonna : le règlement interne de l'hôtel interdisait formellement le branchement d'appareils électriques sans un contrôle préalable des services compétents. Annie ne comprenait vraiment pas, elle n'avait jamais branché quoi que ce soit. Elle ne voyageait pas avec sa couverture électrique. Pourquoi pas non plus avec sa chaudière à gaz ? De plus, elle n'était pas dans sa chambre lorsque le sinistre s'était déclaré, occupée à travailler sur un dossier dans la chambre de Monsieur Grodaeg, ce dont il se portait garant. Elle leur indiqua également qu'un technicien était venu dans sa chambre en début de soirée pour réparer le circuit électrique, bien qu'elle-même n'ait signalé aucun problème, et qu'il n'aurait pas manqué de remarquer un branchement dangereux si cela avait été le cas.

Ils se contentèrent d'enregistrer sa déclaration en lui rappelant que si sa responsabilité était en jeu, elle serait passible de poursuites et que l'hôtel réclamerait alors des dommages et intérêts... blablabla...

Il était presque 5 heures quand elle put enfin se rendre au comptoir d'accueil pour prendre les clefs de sa nouvelle chambre.

Ils se retrouvèrent morts de fatigue devant les ascenseurs.

Sitôt à l'intérieur, elle se blottit contre lui :

– Je crois que j'ai besoin d'un énorme réconfort lui confia-t-elle en soupirant.

Elle glissa sa nouvelle clef dans son sac et sortit au 9e enlacée à Grodaeg.

– Crois-tu qu'ils seraient capables de me mettre cet incendie sur le dos ? lui demanda-t-elle anxieuse, dès qu'elle fut rentrée dans la chambre.

Grodaeg la fit asseoir sur le rebord du lit et s'évertua à calmer ses craintes, lui murmurant quelques paroles apaisantes tout en lui massant légèrement la nuque et le cou. Il remonta lentement jusqu'aux tempes et aux sourcils qu'il caressa jusqu'à la décontraction totale des muscles de sa patiente. Grodaeg la sentit se ramollir et vaciller. Il l'aida à se débarrasser de ses vêtements et l'allongea avec ménagements sur le lit. Il se déshabilla promptement pour la rejoindre.

– En fin de compte, je crois bien que je te dois la vie, lui murmura-t-elle en se collant à lui. Elle s'endormit aussitôt, le laissant savourer la délicieuse chaleur qui s'irradiait de son corps et le toucher satiné de sa peau au doux parfum d'amande.

Samedi 5 heures.
Hua Yuan Cun, banlieue ouest de Pékin.

Peng se réveilla en sursaut, appuyant instinctivement sur le bouton de son réveil. C'était un vieux réveil datant du temps de la Révolution culturelle. Un garde rouge battait les secondes en agitant un petit livre aussi rouge que lui, sur le cadran. C'était la seule concession visible qui survivait encore de cette terrible période.

Peng traîna les pieds jusqu'au lavabo.

Le téléphone le surprit au beau milieu de son brossage de dents. Il bondit sur le combiné, la brosse bien calée dans la bouche.

– Wei ?

L'appel provenait de son bureau. Peng écouta attentivement son interlocuteur, évitant de l'interrompre, jusqu'à la fin de son rapport.

– Ne bougez pas ! Envoyez-moi une voiture, j'arrive. Peng raccrocha bouleversé.

– Qu'est-ce que c'était ? Sa femme s'était finalement levée et lui tendait une tasse de thé chaud tirée de la bouteille Thermos.

– Je file au bureau, lui jeta Peng en enfilant ses habits à la va-vite, la brosse à dents toujours aux lèvres. Il y a eu du grabuge cette nuit. Cet œuf de tortue de Zhou a encore fait des siennes.

Il recracha énergiquement son dentifrice et se rinça bruyamment la bouche.

Il avala ensuite deux gorgées de son thé brûlant puis rendit sa tasse, à peine touchée, à son épouse qui le força à prendre avec lui la bouteille Thermos. Il la remercia d'un sourire non dénué de tendresse. Ils avaient connu ensemble des moments difficiles mais si les épreuves les avaient marqués, elles n'avaient néanmoins pas pu les séparer et il régnait encore entre eux une grande complicité.

Une voiture venait de s'arrêter devant la porte de l'immeuble. Peng descendit le plus rapidement possible les escaliers.

La voiture fila aussitôt à travers les rues désertes. Elle traversa Tiananmen pour s'engager dans le complexe de la Sécurité publique et stoppa devant le bâtiment principal.

Peng sortit en trombe du véhicule et gravit l'escalier central quatre à quatre pour rejoindre la salle de réunion du 2e. Kao, un des vice-ministres, était déjà sur place, ainsi que deux membres de l'équipe de Peng.

Xiao Sheng, un de ses adjoints, reprit le récit des événements.

– Un feu s'est déclaré vers 3 heures dans la chambre d'une certaine Annie Coulomb qui partageait à ce moment-là le lit d'un certain Grodaeg.

Peng releva la tête en entendant le nom de Grodaeg mais s'abstint de tout commentaire, laissant Sheng continuer son récit.

– Elle n'avait autrement aucune chance de s'en sortir. Le court-circuit était programmé pour produire des émanations extrêmement toxiques qui ont fait quatre blessés dont deux graves au sein des équipes de secours.

L'évacuation des chambres a été décidée dès que l'alerte a été donnée. C'est ensuite que l'hôtel s'est aperçu qu'un client ne s'était pas présenté au contrôle. Une rapide inspection dans sa chambre a permis de le découvrir mort de trois balles tirées à bout portant. Il s'agit d'un certain Monsieur Fournier. C'est un fonctionnaire français venu participer à une renégociation de protocoles financiers entre la France et la Chine. La mort n'a pour le moment toujours pas été rendue publique.

Madame Coulomb est l'assistante de Monsieur Fournier. Ces deux affaires sont bien sûr liées. La Sécurité d'Etat, interrogée, a fait savoir qu'elle avait agi dans le cadre de l'opération Réunification. Les fonctionnaires français visés étaient sur le point de mettre à jour une importation de matériel interdit à la vente, d'une importance vitale pour la réussite de cette opération.

Zhou prétend que Tang aurait tenté de s'opposer à la bonne marche de leur action et qu'il a dû être abattu. Il s'excuse pour cette bavure mais soutient que la faute en incombe à nos services. Ce sperme de lapin veut en plus utiliser la mort de Tang pour le présenter comme l'assassin présumé de Fournier, un petit voleur qui aurait paniqué.

Kao se tourna vers Peng :

– Que faisait Tang dans cet hôtel ?

– Il était chargé de surveiller Zhou et sa bande. C'était je vous l'assure sa seule mission. Nous ne connaissons pas ce Monsieur Fournier ni cette Madame Coulomb. Zhou ment. Tang ne serait jamais intervenu sans ordre pour défendre cet étranger ! Il savait pertinemment que les gens qu'il surveillait appartenaient à la Sécurité d'Etat et qu'il n'avait pas à interférer !

Sheng reprit la parole :

– Zhou demande que cette enquête lui soit entièrement confiée. Il est actuellement chez Hu.

Peng se tourna vers son vice-ministre :

– Il faut absolument empêcher Zhou d'enterrer cette affaire. Il va nous traîner dans la boue et nous ne saurons jamais ce qu'il a en tête. Il n'a pas tué des hôtes étrangers uniquement pour nous mettre en difficulté. La mort de Tang ne peut pas être un hasard malencontreux. Nous devons trouver pourquoi il s'est débarrassé de Tang, il doit bien y avoir des raisons cachées et importantes, cela pourrait s'avérer dangereux pour nous dans le futur.

Kao se fendit d'une grimace, cette affaire était vraiment nauséabonde. S'il s'agissait réellement d'une affaire classée top-secret, sa marge de manœuvre ne serait pas large. Il se leva de son siège pour rejoindre son bureau.

– Si Hu est déjà sur le coup, il va nous falloir un feu vert du premier ministre, marmonna-t-il en sortant.

Il revint quelques minutes plus tard, l'air radieux.

– Hu insistait pour que l'investigation soit uniquement confiée à la Sécurité d'Etat et qu'une enquête soit diligentée sur les agissements de la Sécurité publique qui ont failli mettre en péril une opération de la plus haute importance pour le pays. Il en a un peu trop fait. Le premier ministre n'a pas été entièrement dupe, il subodore une entourloupe, il accepte que l'enquête soit menée conjointement par nos deux services. Il veut des résultats rapides et probants. Hu est fou de rage. Il crie au scandale. Pourquoi demander une enquête alors qu'il ne fait aucun mystère que les auteurs du meurtre sont ses propres agents en mission ? Notez que sa remarque ne manque pas de bon sens et qu'il n'a pas tout à fait tort de penser que cette enquête est en fait directement dirigée contre lui. Par où allez-vous commencer ?

Peng prit son temps pour répondre.

– Nous devons comprendre très vite pourquoi Zhou et son équipe se sont acharnés sur ces fonctionnaires français. La réussite de l'opération Réunification peut expliquer qu'on ait voulu les mettre hors d'état de nuire… Eux… mais pas Tang. Il me faut donc des entrées du côté français. Il faut que j'arrive à découvrir ce qui inquiète Hu, bien entendu, en évitant de les mettre sur la piste de l'opération Réunification. Je connais un policier français qui participe justement à cette mission. Laissez-moi l'utiliser, c'est ma seule chance d'éventer ce que Hu cherche à nous dissimuler.

Kao leva la main, à la manière d'un Ponce Pilate :

– Vous avez carte blanche. Nous devons laver cet affront au plus vite et comprendre ce que manigancent les gens de Hu avant qu'il ne soit trop tard. Mais gardez en tête qu'il

nous faut des preuves tangibles de ce que vous avancerez. Nous ne pourrons nous contenter de suppositions. Servez-vous, si vous pensez que c'est indispensable, de ce policier français, veillez tout de même à ne pas déballer notre linge sale sur la scène internationale. Je veux être continuellement tenu informé de la progression de vos investigations.

Samedi 8 heures du matin.
Hôtel Jingguang, chambre 933.

Ce fut une nouvelle fois le téléphone qui ramena Grodaeg à la réalité. Il avait la nette impression qu'il venait tout juste de se rendormir. Le corps chaud d'Annie Coulomb blotti tout contre le sien ranima en lui quelques souvenirs récents.

– J'ai besoin de votre aide, Monsieur Grodaeg, lui dit en chinois une voix qui lui paraissait familière mais qu'il n'arrivait pas à reconnaître.

– Que puis-je faire pour vous ? demanda Grodaeg en cherchant désespérément à mettre un nom sur cette voix.

– Voulez-vous descendre nous rejoindre. Je suis avec notre ami Huang. Ah ! j'allais oublier : vous avez, je crois, hébergé quelqu'un pour la nuit. J'ai fait mettre un garde devant votre chambre mais pouvez-vous quand même lui recommander de n'ouvrir la porte à personne d'autre qu'à vous-même. Nous craignons que sa vie ne soit en danger. À tout de suite, Monsieur Grodaeg.

Peng venait de raccrocher. Grodaeg avait finalement mis un nom sur la voix.

La nuit avait été forte en événements mais la série ne semblait pas vouloir s'arrêter. Grodaeg eut beau essayer d'analyser plus clairement la situation, son cerveau refusait d'apporter des débuts de réponses aux mille questions qui y affluaient. Que venait faire Peng dans ce bazar ! Quel danger pouvait bien mettre en péril la vie d'Annie Coulomb, fonctionnaire de l'Etat français en mission en Chine ? Comment Peng était-il au courant de l'escapade de cette dernière dans sa chambre. Faute de réponses acceptables à toutes ces questions, il opta pour une douche.

Quand il sortit de la salle de bain, il trouva Annie Coulomb encore à moitié endormie, se frottant les yeux, assise au bord du lit. Il la prit tendrement aux épaules pour la reposer délicatement sur son oreiller et lui glissa quelques recommandations :

– Annie, on m'attend dans le lobby. Certaines personnes pensent que tu es en danger. Il faut que tu n'ouvres à personne, tu m'entends ? La police pense que tu es en danger.

Ses derniers mots avaient dû faire tilt dans l'esprit d'Annie car elle se réveilla d'un coup.

– Hein ! Qu'est-ce que tu racontes !

Grodaeg tenta de la rassurer :

– Écoute, je viens d'avoir un coup de fil étrange d'un ami qui travaille à la Sécurité publique. Il m'attend dans le hall. Il m'a seulement laissé entendre qu'un danger pourrait te menacer et qu'il avait mis ma chambre sous surveillance. Alors, reste calme, ne t'affole pas, je vais voir de quoi il retourne et je remonte aussitôt.

– T'affole pas ! T'en as de bien bonnes toi ! Je suis morte de trouille, je viens avec toi ! lui dit-elle en sautant du lit.

– Attends, ne te précipite pas. Il m'a dit avoir posté un garde devant la porte. Si cela est le cas, tu ne risques vraiment rien. Ne bouge pas, je vais jeter un coup d'œil.

Grodaeg s'habilla rapidement et entrouvrit la porte. Deux gardes se tenaient en sentinelle devant sa porte.

– Tu peux te rendormir tranquille ! Ils sont même deux à te protéger lui dit Grodaeg d'un ton rassurant. Il lui fit une légère bise sur le bout du nez et partit rejoindre Peng et Huang qui l'attendaient patiemment à la sortie des ascenseurs.

Grodaeg avait besoin d'un bon café et son estomac semblait même prêt à accepter quelques croissants en prime. Huang déclina l'invitation en prétextant une affaire urgente et les laissa se diriger seuls vers la cafétéria.

Ils restèrent un moment silencieux. Grodaeg attendait que Peng se décide à lui parler. Après tout, l'initiative venait de lui. Il attaqua son café et ses croissants avec appétit en s'efforçant de ne pas penser à ce que Peng pouvait bien lui vouloir de si urgent à cette heure matinale.

Ce dernier buvait sa tasse à petites lampées. Il la reposa puis regarda Grodaeg :

– Nous avons eu à déplorer un mort la nuit dernière, dans cet hôtel. Il s'agit d'un membre de votre délégation. Je crois que vous le connaissiez; il s'agit de Monsieur Fournier.

Grodaeg eut du mal à contrôler sa réaction. Pauvre Fournier. Il l'avait quitté il y avait quelques heures à peine en le laissant entre les mains de Huang.

– Il est mort de quoi? demanda Grodaeg. Asphyxie? Arrêt cardiaque?

– Arrêt cardiaque, lui confirma Peng, consécutif à trois balles de pistolet

Ce coup-ci, Grodaeg ne put masquer son étonnement.

– On a une idée du mobile?

– Les premières constatations nous laissent extrêmement perplexes. Il pourrait s'agir d'un vol; les affaires personnelles de la victime ont été fouillées. Il est encore trop tôt pour savoir si quelque chose de valeur a disparu. Nous comptons beaucoup sur votre aide pour nous aider.

Grodaeg faillit tomber de sa chaise.

– Sur mon aide!?

– Écoutez, poursuivit Peng, vu l'aspect peu ordinaire de cette affaire, il nous paraît indispensable d'enquêter auprès des amis de la victime afin de découvrir des mobiles à ce crime ou des indices importants qui pourraient nous conduire à la solution de ce problème. Mais vous comprenez bien que nous risquons de faire des bourdes. Votre expérience et l'ancienneté de nos relations font que mon ministère serait a priori d'accord pour que vous m'assistiez dans mes recherches en vous occupant pour moi de toutes les investigations relatives à la communauté française pendant que je me chargerais des interrogatoires des suspects chinois. Puis-je compter sur votre aide, Monsieur Grodaeg?

Grodaeg réfléchissait aussi vite qu'il le pouvait. Cette proposition l'intéressait et dans un certain sens le flattait mais compte tenu des difficultés qu'il n'allait pas manquer de rencontrer, cette petite mission qu'on envisageait de lui confier pouvait facilement se transformer en guêpier. De plus, il lui fallait pour lui aussi, un accord de son ministère et un feu vert de l'ambassade.

Peng encore une fois jouait avec un coup d'avance, car il interpréta le silence de Grodaeg et lui dit :

– Je me suis déjà permis de contacter votre ambassade. Je ne devrais pas tarder à recevoir une réponse de leur part.

Grodaeg sourit en comprenant que de toute façon, la décision ne lui appartenait pas vraiment; il se voyait mal en train de refuser ou d'accepter contre l'avis de l'ambassade. Peng lui forçait gentiment la main.

– Au fait! Demanda Grodaeg, quel est le rapport avec Annie Coulomb? Pourquoi avoir fait surveiller sa chambre? Des membres de la sécurité interne de l'hôtel l'ont presque malmenée hier pour lui faire avouer qu'elle avait branché une couverture électrique dangereuse dans sa chambre. Je peux vous assurer qu'elle n'a jamais branché quoi que ce soit! D'ailleurs elle a elle-même surpris un électricien travaillant dans sa chambre hier au soir alors qu'elle passait prendre des affaires et…

Peng le stoppa, en lui pressant le bras.

– Il ne fait, bien sûr, pas de doute que l'incendie qui s'est déclaré dans la chambre de Madame Coulomb est d'origine purement accidentelle. L'électricien dont vous faites mention a dû faire une erreur de branchement. Je me suis simplement permis de mettre Madame Coulomb sous une protection policière le temps que durera l'enquête sur le meurtre de Monsieur Fournier. Vous comprendrez qu'il est de notre devoir de prendre toutes les mesures pour assurer à l'ensemble des membres de la délégation une protection rapprochée. J'espère sincèrement que vous serez autorisé à collaborer avec nous et que vous nous aiderez à résoudre rapidement ce regrettable incident sans endommager les excellentes relations d'amitié qui unissent nos deux pays.

Peng était devenu plus formel vers la fin de sa tirade. Grodaeg sentit une présence à ses côtés. Il tourna la tête et découvrit un Chinois à l'air strict, flirtant avec la cinquantaine, le crâne dégarni, le regard caché par des lunettes de soleil et vêtu d'une vareuse bleu-sombre qui tenait à la fois du blazer et de la veste Mao. Il ne lui manquait qu'une fine moustache lui tombant de part et d'autre du menton et des ongles démesurés et acérés pour ressembler aux images de mandarin fou et cruel qui peuplaient les livres d'horreur de nos grands-pères.

Peng se leva pour présenter le nouvel arrivant à Grodaeg qui se leva à son tour :

– Laissez-moi vous présenter Monsieur Zhou Daisheng, Chef de département au ministère de la Sécurité d'Etat. Il est également chargé de cette affaire.

Puis, se tournant vers Grodaeg, il poursuivit :

– Monsieur Grodaeg, Commissaire au ministère français de l'Intérieur.

Monsieur Zhou s'offrit le luxe d'un rictus que Grodaeg hésita à classer dans la catégorie des sourires ou des attaques hémorroïdales :

– Monsieur Guerodègou ! Quel plaisir de vous connaître enfin. Mon collègue Monsieur Peng m'a parlé de vous dans des termes extrêmement élogieux. J'espère sincèrement que nous n'allons pas trop vous déranger. Je vous promets de concentrer tous nos moyens à la résolution de ce crime affreux ! Il s'agit d'un acte de barbarie impardonnable et monstrueux et croyez bien, Monsieur Guerodègou, que le voleur ne restera pas impuni ! Je vous le promets ! Il subira le châtiment que la loi chinoise réserve aux criminels de son espèce !

– Vous pensez donc vous aussi, qu'il s'agit d'un vol qui a mal tourné ? lui demanda poliment Grodaeg.

– Que vous voulez-vous que cela soit d'autre ? lui répondit aussitôt Monsieur Chou, sur un ton péremptoire. Nous avons presque terminé l'enquête et nous devrions être en mesure de vous faire part de nos conclusions très bientôt. Merci d'avance pour votre aide, Monsieur Guerodègou.

Il accompagna son merci d'une légère inclination de la tête. Il avait la souplesse d'une planche à repasser et l'air aussi sympathique qu'une murène à l'entrée de son trou.

Peng le raccompagna vers la sortie, laissant Grodaeg songeur. Que venait faire l'An Quan Bu, la Sécurité d'Etat dans cette galère ? Contrairement à la Gong An Ju, la Sécurité publique, équivalent de notre ministère de l'Intérieur, la Sécurité d'Etat n'intervenait généralement pas dans les affaires de droit commun. Le fait que Fournier ait été un membre d'une Délégation officielle justifiait peut-être le recours à cet organisme. Ou peut-être aussi s'agissait-il d'une guerre des polices à la chinoise.

Il se préparait à retourner rassurer, si rassurer était bien le mot, Annie Coulomb quand un nouvel arrivant se posta devant sa table.

Il reconnut Dhonneur, le ministre-conseiller de l'ambassade. Il l'avait connu dans la mouvance de mai 68 alors que ce dernier n'était que candidat à l'ENA et flirtait comme lui avec les idées situationnistes. Les situs formaient à l'époque le fleuron lucide de la sinologie française ; ils étaient les seuls à ne pas s'être fourvoyés dans la folie maoïste et à n'avoir vu dans la Grande Révolution prétendument culturelle qu'un déchaînement totalitaire, là où la majorité de nos grands penseurs du moment crurent voir apparaître l'émergence d'un homme nouveau.

Ils s'étaient battus comme de beaux diables pour essayer de faire valoir leur vues, mais l'intelligentsia dominante les avait durant de longues années relégués au rang de désinformateurs ou d'extrémistes gauchistes. Un livre maintenant réhabilité, comme celui de Simon Leys sur les prétendus habits neufs du Président Mao, avait à l'époque à peine eu droit à la critique, sinon pour l'éreinter, tandis que de grands journaux n'hésitaient pas à comparer le même Mao à un nouveau messie.

– J'ai un télégramme pour toi, lui dit Dhonneur, on te recommande, si tu es d'accord, de collaborer avec les autorités chinoises pour retrouver l'assassin de Monsieur Fournier. Je pense que tu es déjà au courant de cette histoire ?

– Peng, qui travaille à la Gong An, vient de m'informer. Qu'est-ce qu'on pense de tout ça à l'ambassade ?

Dhonneur lui sourit et lui dit :

– C'est le branle-bas de combat depuis l'aube. Tu connais Sternant, notre ambassadeur. Le jour où il comprendra quelque chose à ce foutu pays !

Il était de notoriété publique que c'était le grand Amour entre l'ambassadeur et son ministre conseiller.

– Il a tout de même compris que cette affaire pouvait

être dangereuse pour sa carrière qui est pourtant quasiment finie, heureusement pour la France. Il a réveillé le ministre à Paris et une cellule de crise s'est mise en place chez nous au Quai. C'est Claude Marin qui la dirige. Sur place, Sternant est fidèle à lui même ; il soupçonne un complot international destiné à saboter les négociations du Protocole et sa véritable hantise, c'est que Quatsous et Dusalon soient avertis de ce qui se passe.

Quatsous et Dusalon étaient les représentants permanents du Monde et du Figaro sur place à Pékin. Leurs prises de positions critiques à l'égard du gouvernement chinois leur valaient les foudres de l'ambassadeur qui voyaient en eux des empêcheurs de se réembrasser en paix depuis que les relations franco-chinoises étaient officiellement revenues au beau fixe après de longs mois de brouille consécutive aux ventes d'armes à Taïwan. Sternant était convaincu que la déconfiture notoire de la dernière visite de Balladur à Pékin était due à ces deux dangereux agents de la presse réactionnaires. Il s'en méfiait comme de la peste et les accusait de tous les fléaux de la terre.

– La consigne est de se montrer le plus coopératif possible avec nos amis chinois et d'éviter au maximum de faire des vagues.

– Ce serait bien tout de même que tu informes Peng de votre position me concernant, pour que les choses soient faites dans les règles et puis, si tu pouvais aussi prévenir Fites et sa bande que je suis officiellement en charge de cette affaire et qu'ils doivent collaborer, cela donnera tout de suite plus de poids à mes éventuelles démarches. Tu peux t'en charger ? J'ai l'impression que ce sont eux qui sont au fond là-bas.

– D'accord ! Dans tous les cas, il m'aurait fallu les rejoindre. Fites me jette des regards appuyés depuis un moment. Il doit être vexé comme un pou que j'inverse l'ordre de préséance en commençant par toi, ensuite j'irai voir ton Peng. Surtout de ton côté, tiens-moi informé de la progression de ton enquête.

– J'ai un dernier service à te demander. J'aimerais également que l'assistante de Fournier, Annie Coulomb, puisse loger à la résidence de l'ambassade pour le restant de sa mission, avec une protection rapprochée. Cela pourrait se faire ? demanda Grodaeg avant de le laisser filer.

– Pas de problème, je m'en charge. Je vais voir ça avec Sternant. Je te téléphone dès que ce sera OK et une voiture de l'ambassade passera la chercher.

Grodaeg le remercia d'une tape amicale dans le dos ; ils se serrèrent la main et Dhonneur s'en alla de son pas lourd et balancé rejoindre le gros de la Délégation qui manifestement piaffait d'impatience.

Grodaeg fit signe à la serveuse pour signer sa note et partit à la recherche de Peng.

– J'ai cru comprendre que vous avez reçu des nouvelles positives de votre ambassade. J'en suis ravi !

Grodaeg en resta pantois. Il savait que ses amis chinois ne s'épargnaient aucun effort pour être bien informés, mais là, ils devaient s'être directement branchés sur la ligne de l'ambassade !

Peng continua : – Je pense que la première chose à faire serait de nous rendre dans la chambre de la victime, ensuite nous aviserons, d'accord ?

C'était effectivement la meilleure des solutions pour démarrer les investigations et Grodaeg le suivit donc jusqu'aux ascenseurs.

Il s'arrêta un instant au 9e, pour rassurer Annie. Il apaisa ses craintes. On ne lui reprochait plus l'incendie de sa chambre. Annie soupira de soulagement, Grodaeg en profita lâchement pour lui apprendre la mort de son patron.

Elle resta pétrifiée, le temps d'absorber le choc de cette nouvelle.

– Bon, moi je me tire! Je retourne fissa en France!

– C'est peut-être bien ce qui serait le mieux à faire, acquiesça Grodaeg, mais en attendant, on risque d'avoir besoin de toi pour comprendre pourquoi la COFACE est visée. J'ai du mal à croire que l'incendie de ta chambre et la mort de Fournier soient une pure coïncidence. Peng ne m'a pas convaincu à ce sujet. Son attitude est d'ailleurs extrêmement ambiguë. Il me demande de l'aider en essayant de me convaincre que le meurtre de Fournier est une banale histoire de cambriolage qui a mal tourné. Pourquoi la Police chinoise aurait-elle besoin de moi pour arrêter un voyou? J'avoue que tout cela me laisse perplexe. Pour le moment, tu as toujours deux gardes devant ta porte. J'ai demandé à l'ambassade un logement pour toi à la résidence. Une de leurs voitures viendra te chercher. Ne t'affole surtout pas, ne bouge pas d'ici. Peng m'attend, il faut que je file. À tout de suite!

Samedi 9 h 30

Grodaeg rejoignit Peng au treizième. Il identifia la chambre de Fournier grâce aux deux cerbères, à la mine patibulaire, qui stationnaient devant la porte.

La chambre ressemblait comme deux gouttes d'eau à la sienne et avait été remise en ordre. Une chemise et des sous-vêtements soigneusement emballés sous un film plastique avaient été rangés près d'une valise et d'un sac de voyage, au pied du lit. Un costume, rentrant également du pressing, attendait sur un des fauteuils près de la fenêtre. Divers objets étaient posés sur le bureau.

– Le corps a été emporté à la morgue de l'hôpital de la capitale. Si vous n'y voyiez pas d'inconvénient, nous y passerons ensuite pour le reconnaître. Peut-être serons-nous obligés de demander à Madame Coulomb de bien vouloir nous y accompagner.

Grodaeg acquiesça d'un petit mouvement de tête et revint vers l'entrée de la chambre :

– Qui a découvert le corps ?

– C'est un agent de la sécurité ; il l'a découvert juste derrière la porte d'entrée. Tenez ! Voici quelques photos. Elles arrivent tout juste de notre laboratoire.

Les photos étaient nettes. Elles avaient été prises un peu sous tous les angles. Fournier s'était écroulé en chien de fusil entre le placard à vêtements et la porte de la salle de bain. Il se tenait le ventre, enserrant dans ses deux bras ce qui semblait être son costume rentrant du pressing qui n'avait pas été un pare-balles très efficace. La tête était de côté, la joue droite collée au sol.

– Le meurtrier a étouffé le bruit des détonations à l'aide d'un oreiller que l'on a retrouvé près la tête de Fournier poursuivit Peng, un large trou aux pourtours légèrement brûlés est visible au centre.

Les dernières photos montraient une arme posée sur le lit. C'était un pistolet muni d'un silencieux. Quelques caractères chinois avaient été inscrits, en écriture cursive rapide, sur le revers de la photo. Grodaeg eut du mal à les déchiffrer. Peng vint à son secours :

– Walther PPK. Calibre 7.65, à 8 coups muni d'un silencieux Braush. Ce n'est pas une arme extrêmement moderne mais elle est encore très efficace.

Peng laissa Grodaeg regarder les photos plus en détail puis s'approcha de lui pour les commenter :

– Il a été atteint de trois balles; une dans le ventre et deux dans la région du cœur. La mort a été instantanée. Il se pourrait qu'il ait été tué par quelqu'un venu lui rapporter son linge. Il a dû ouvrir la porte et prendre le costume qu'on lui tendait. Le meurtrier a dû alors en profiter pour lui tirer dessus, puis il s'est dirigé vers le bureau. Il s'est servi dans le portefeuille qu'il a ensuite jeté à terre. Peut-être a-t-il également dérobé autre chose.

– Vous avez interrogé le personnel de service? intervint Grodaeg.

– Bien entendu, lui répondit Peng, mais nous recherchons toujours le garçon d'étage qui lui a rapporté le costume du nettoyage. Ce n'est pas un bon élément : il a été classé comme droitiste durant la Révolution culturelle.

Grodaeg resta pensif; il n'aurait pas voulu être à la place du pauvre garçon d'étage qui allait passer un bien mauvais quart d'heure. Le Président Mao avait grommelé un jour que dix pour cent de la population devait être réactionnaire. Les sbires du Parti s'étaient empressés de fixer un quota de brebis galeuses et chaque cellule du parti s'était efforcée de l'atteindre en piochant dans le flot de lettres anonymes qui n'avaient pas tardé à submerger les bureaux.

La voix de Peng le ramena à la réalité :

– Je vous laisse. Gardez les photos et refermez bien la porte de la chambre derrière vous. Ensuite, si vous pouvez interroger vos compatriotes pour savoir s'ils ont vu quelque chose de suspect ou s'ils savent ce qui aurait pu être dérobé à Monsieur Fournier, vous me rendriez un grand service.

– Dites! Si cela n'est pas trop abuser, vous serait-il possible de demander à celui qui a découvert le corps de passer me voir un instant; j'aimerais bien lui poser une ou deux questions.

– Pas de problème! lui répondit Peng, je vous l'envoie tout de suite.

Grodaeg se retrouva seul dans la chambre, il ouvrit la valise de Fournier. Rien n'avait l'air d'avoir été dérangé. Si voleur il y avait, ce dernier avait vraiment paré au plus pressé sans se préoccuper de rechercher d'autres valeurs que celles qui étaient exposées sur le bureau.

Pas mal de points restaient flous. Il essaya de reconstituer la scène :

Fournier ne parvient pas à dormir. Il lit, regarde la télé ou téléphone. Il a demandé qu'on lui rapporte son costume du pressing. On sonne à la porte. Fournier ouvre. Le garçon lui tend son costume et lui tire trois balles dans le corps. Il enjambe le corps, se précipite dans la chambre, vole un peu d'argent ainsi que quelques objets. Quels objets?

Grodaeg ne parvenait pas à se satisfaire de ce scénario.

Le portefeuille de Fournier était encore sur le bureau, il le prit et l'ouvrit. Il eut la surprise d'y découvrir une liasse de dix chèques de voyage de cent dollars ainsi que cinq billets de cent dollars.

Grodaeg resta pensif. Pourquoi le voleur n'avait-il pas pris tout cet argent? Pourquoi avait-il laissé son arme sur le lit? Cela ne collait pas. Un autre mobile? Une affaire de mœurs? Cela ne cadrait pas trop avec le personnage.

Il fut tiré de ses pensées par la sonnette de la porte d'entrée. Il ouvrit la porte et se retrouva nez à nez avec une employée de l'hôtel accompagnée du cher Monsieur Zhou et de ses lunettes de soleil. On faisait confiance aux employés mais pas au point de les laisser en tête à tête avec des étrangers.

Grodaeg était lui-même surpris. Il s'attendait à voir arriver un employé, il est vrai que le terme « employé » désigne en chinois aussi bien un homme qu'une femme. Elle devait avoir dans les trente ans.

Ses yeux étaient rouges et encore humides. Elle transpirait de peur. Elle n'osait pas rentrer dans la chambre et jeta un petit regard en arrière semblant attendre un ordre de Chou. Ce dernier affichait toujours son sourire de hyène lubrique.

Il la poussa sans ménagement vers Grodaeg :

– Monsieur Guerodégou ! Comme je suis content de voir que vous prenez votre mission à cœur pour nous aider !

Grodaeg comprit qu'il n'en tirerait pas grand chose avec ce gentil Monsieur Zhou à ses côtés. Il lui posa néanmoins quelques questions :

– C'est vous qui avez découvert le corps de la victime ?

Elle eut un petit mouvement de tête dans la direction de Zhou qui resta impassible

– Oui

– Avez-vous remarqué quelque chose d'insolite ?

– Non ! s'empressa-t-elle de répondre. En même temps elle se retourna vers Chou, s'apercevant qu'elle avait oublié de le consulter avant de répondre. Pas un muscle du visage de Zhou ne bougea mais cela suffit quand même pour glacer d'effroi la pauvre femme.

Grodaeg se dit qu'il ne faudrait pas pousser trop longtemps cet interrogatoire s'il souhaitait conserver son témoin en vie.

– Comment avez-vous découvert le corps ?

Après l'aller-retour maintenant habituel en direction de Chou, elle répondit :

– J'ai sonné mais personne n'a répondu. J'ai sonné une deuxième fois, puis, comme on nous l'a appris, j'ai ouvert la porte en criant *room service* mais je n'ai pas pu finir ma phrase ; il… il… il était là à mes pieds avec une tache de sang… j'ai failli m'évanouir… J'ai couru dans la salle de bains pour décrocher le téléphone et j'ai appelé à l'aide.

Elle était maintenant au bord des larmes

– Qu'avez-vous fait ensuite ? Êtes-vous allée dans la chambre ?

Là encore, elle répondit instinctivement sans attendre le feu vert de son ange gardien :

– Non ! je suis restée dans la salle de bain ! J'avais bien trop peur de ressortir, je ne savais pas si l'assassin n'était pas encore là.

– Le secours est arrivé très vite mais hélas, il n'y avait plus rien à faire pour ce malheureux ! coupa Monsieur Chou, nous avons déjà arrêté l'un des meurtriers et nous sommes sur le point d'appréhender son complice, le garçon d'étage.

– Le meurtrier a avoué son forfait ? lui demanda Grodaeg.

– Il n'en a, hélas, pas eu le temps. Il a résisté à son arrestation et nous avons pas eu d'autre choix que de l'abattre.

– Pensez-vous que votre collègue soit mêlé à ce meurtre ? demanda Grodaeg à l'employée toujours pétrifiée.

Elle roula de grands yeux sous l'effet de la surprise mais n'eut pas le temps d'articuler sa réponse ; Zhou lui coupa la parole :

– Allons Monsieur Guelodègou, les preuves sont irréfutables. Il fallait au meurtrier une complicité dans l'hôtel. Nous allons l'interroger et je suis certain que nous ne tarderons pas à avoir des aveux complets sur son horrible crime. Nous le châtierons de manière exemplaire afin que cela serve de leçon aux criminels en herbe.

– Le meurtrier n'était donc pas un employé de l'hôtel ?

– À première vue, non. Mais ne fatiguons pas trop notre témoin. Elle a déjà beaucoup contribué à nous aider dans cette enquête et elle doit être très lasse maintenant. Si vous avez d'autres questions, je me ferai un plaisir d'y répondre moi-même.

Grodaeg comprit qu'il n'avait plus rien à attendre de cet interrogatoire. Il remercia donc chaleureusement Zhou pour son aide et son assistance en se payant le luxe de rajouter une petite phrase sur la longue amitié indéfectible qui liait depuis toujours la France à la Chine.

Zhou se contenta de prendre le compliment au premier degré et lui sourit avec son rictus à la Fu Manchu, le genre tortionnaire qui se brûle pour s'assurer que son fer rouge est à la bonne température.

Ils se dirigèrent tous deux vers la porte, Zhou ouvrant la marche. La femme de ménage en profita pour se retourner vers Grodaeg. Son visage était douloureux et ses yeux écarquillés le fixaient, semblant vouloir lui transmettre un message. La scène ne dura qu'une seconde mais Grodaeg n'eut aucun mal à conclure qu'elle n'avait pas pu tout dire et qu'elle était loin de croire en la culpabilité de son collègue.

Resté seul, Grodaeg contempla une nouvelle fois les photos que lui avait remises Peng. Il se força à remettre un peu d'ordre dans ses pensées. La petite entrevue avec Zhou ne l'avait pas guéri de son malaise. Le meurtrier avait donc résisté à son arrestation... avec son arme oubliée sur le lit ? Il fallait donc imaginer qu'il en avait une deuxième... ceinture plus bretelles... Avait-il aussi des cartouchières en bandoulières ?

Qui pouvait bien avoir eu intérêt à tuer Fournier ? Si l'on écartait la piste du garçon d'étage, le problème devenait encore plus opaque. Grodaeg avait déjà éliminé l'affaire de mœurs. Restait l'hypothèse d'un contrat sous-traité à la maffia locale ; mais alors pourquoi ? et qui ? Un opposant à un rapprochement franco-chinois comme le pensait Sternant, l'ambassadeur. L'hypothèse paraissait quand même un peu farfelue.

Un exportateur voulant s'éviter des problèmes avec la COFACE ? C'est vrai qu'Annie lui avait bien confié dans l'avion qu'ils se préparaient à faire quelques vérifications. Mais dans ce cas, pourquoi tuer Fournier ? Ce n'était qu'un fonctionnaire et lui mort, le meurtrier devrait bien se douter qu'un autre prendrait la place et découvrirait le pot aux roses. Pour gagner du temps ? Non, là encore ses suppositions ne tenaient pas… Pourtant…

– Bon sang ! Mais c'est bien sûr, s'écria-t-il histoire de faire plus vrai dans la peau de son personnage…

Où étaient donc passés les dossiers que lui avait remis Annie la veille ! Grodaeg inspecta une nouvelle fois la chambre : les dossiers avaient disparu. Il devenait de plus en plus difficile de croire au vol crapuleux impliquant un voleur de passage qui préférerait une serviette de documents à un portefeuille. Ou alors, on avait des goûts très éclectiques chez les Arsène Lupin du cru.

Il en avait maintenant assez vu. Il referma soigneusement la porte de la chambre sous le regard inquisiteur des molosses de service et descendit rapidement rejoindre Annie dans sa chambre.

Elle avait enfilé une chemise de nuit en soie légère et s'était fait monter un copieux petit déjeuner qu'elle savourait assise sur le bord de son lit.

– Que veux-tu, les émotions, ça creuse ! Ton enquête avance ?

Il lui fit un exposé succinct de ce qu'il avait appris et de ses premières conclusions.

– Mais c'est débile ton histoire ! s'exclama-t-elle, je peux t'assurer qu'il n'y a rien dans nos dossiers qui puisse justifier qu'on cherche à nous tuer !

– Je t'ai entendu parler de Suisse avec Fournier hier soir ; de quoi s'agit-il ?

– Rien de bien sérieux. C'est un vieux contentieux relatif à un grand projet de centre commercial, près de la gare centrale ; L'investisseur français a versé plusieurs millions de dollars censés représenter sa part dans l'investissement initial, mais le projet a capoté. On ne retrouve plus rien des dollars qui ont été versés ; ils auraient, si l'on en croit la Municipalité de Pékin, été utilisés pour reloger les quatre cents familles qui occupaient le terrain. La société française avait souscrit un contrat d'assurance pour couvrir le risque politique de son investissement et se retourne aujourd'hui contre nous en prétextant qu'il s'agit de représailles après l'affaire de la vente des Mirages à Taïwan. Cela ne tient pas debout comme argumentation mais en plus, on s'est aperçu qu'une grosse partie des sommes ont été versées sur des comptes en Suisse. C'est à ce dossier que faisait allusion Monsieur Fournier hier au soir.

– On a pu le tuer pour vous empêcher de découvrir le nom des détenteurs des comptes ? s'enquit Grodaeg

– Cela serait vraiment stupide de la part du meurtrier ! Les numéros sont consignés dans le dossier et la mort de Fournier, ou la mienne, ne les effacera pas. De plus, la Suisse refuse toujours de nous communiquer les noms des heureux élus, à nous, pas aux Chinois ! Elle n'attend qu'une demande formelle de leur part et elle accédera à leurs désirs. L'ambassade de Chine à Berne est, paraît-il, intervenue dans ce sens et nous devrions avoir la liste des titulaires très prochainement.

– C'est peut-être stupide de la part du meurtrier mais c'est la seule piste crédible que nous ayons pour le moment ; aviez-vous d'autres dossiers litigieux ?

– Rien d'aussi important ; une petite joint-venture de lampadaires à Shanghaï pour laquelle nous ne sommes pas très sûrs que l'exportateur ait réellement livré les machines actuellement impayées et un contrôle pour des équipements hospitaliers prétendument fabriqués en France mais dont on ne retrouve pas trace dans les documents douaniers. Rien que de la routine, ne portant pas sur des sommes considérables.

– Peux-tu me donner une copie de ces dossiers ? lui demanda Grodaeg.

– C'eut été avec plaisir, d'autant plus que tu agis maintenant sur commission rogatoire, mais ce sont justement les dossiers que j'ai remis hier à Fournier et d'après ce que tu me dis, tout a l'air de s'être volatilisé. Il va falloir 4 heures, compte tenu du décalage, pour que j'en demande une nouvelle copie au bureau. À moins que Duboisy, le Conseiller commercial, en ait une copie au Poste d'expansion. Nous envoyons toujours un jeu de copies à l'ambassade par la valise pour plus de sûreté. Si tu le souhaites, je vais le lui réclamer ; si c'est moi qui le lui demande, cela paraîtra plus naturel et nous risquerons moins d'éveiller d'éventuels soupçons.

– Tu ferais ça pour moi ? lui demanda Grodaeg en lui caressant un bout de sein mutin qui venait de s'échapper de son frêle écrin de soie.

– C'est comme ça que tu comptes arrêter mon assassin ! s'écria-t-elle en lui tapant sur la main. Le ton aurait pu paraître indigné mais les yeux trahissaient le contraire.

Elle le repoussa néanmoins gentiment :

– Tu vas te mettre du café et du beurre sur la cravate. De toute façon, il faut que je m'habille; il est déjà presque onze heures. Si l'ambassade envoie une voiture, je ne vais pas m'y pointer en chemise de nuit!

– Attends! Dis-moi, sais-tu si Fournier avait beaucoup d'argent avec lui?

– En francs, je n'en sais strictement rien mais il avait 1000 dollars en travellers et 1000 dollars en cash, le tout en billets de cent. Je le sais, car c'est moi qui me suis occupée d'aller les lui chercher. Pourquoi, on les lui a piqués? lui demanda-t-elle.

– J'ai retrouvé les chèques de voyage dans son portefeuille ainsi que 500 dollars en cash.

– Il n'en a changé que 100 hier pour se payer sa pipe à eau. Il aurait dû lui en rester 900. Tu crois qu'on l'a tué pour 400 dollars? Ça serait trop con. Si tu vois l'assassin, dis-lui bien que je vaux plus! lui cria-t-elle en se sauvant vers la salle de bain.

Grodaeg se gratta la tête. Je ne manquerai pas de lui faire part de ton message, lui répondit-il, mais tu avoueras tout de même qu'il y a là quelque chose pour le moins bizarre. Pourquoi le voleur, qui venait de tuer sa victime, n'a-t-il pris que 400 dollars sur les 900 qui traînaient dans le portefeuille?

Le téléphone sonna tandis qu'Annie était sous la douche. Dhonneur confirmait le logement à la résidence et l'arrivée de la voiture de l'ambassade.

Samedi 12 heures. Hôtel Jingguang.

La voiture, conduite par deux gardes de l'ambassade, les attendait devant la porte de l'hôtel. Dhonneur avait bien fait les choses. Grodaeg, rassuré de voir Annie entre de bonnes mains, rejoignit Huang qui revenu du bureau l'attendait, impassible, assis dans un des fauteuils du hall.

Grodaeg s'assit face à Huang et lui résuma succinctement la situation. Autant pour le tenir au courant que pour se remettre les idées en place. Il tentait d'agencer les données disponibles dans un scénario plausible. En l'occurrence, l'exercice n'était pas très facile. Il confia néanmoins à Huang ses doutes quant à un simple vol ayant mal tourné, les quatre cents dollars volés ainsi que les cinq cents autres restant dans le portefeuille, le pistolet oublié sur le lit, le mystère des numéros de comptes suisses et la complicité possible du garçon d'étage.

– Le garçon d'étage n'a rien à voir avec cette affaire, lui dit simplement Huang

– Je le sens bien mais encore faudrait-il que nous puissions en apporter la preuve, lui répliqua Grodaeg.

– J'en ai la preuve, répliqua Huang calmement.

Grodaeg le fixa, cherchant à comprendre le sens de ses paroles :

– Tu caches des pièces à conviction à la justice ? lui demanda-t-il ironiquement

– Oui, lui répondit simplement Huang. Te souviens-tu des personnes assises à côté de nous hier soir lorsque tu nous as lâchement abandonnés à notre triste sort pour aller convoler au septième ciel avec Annie Coulomb ?

– C'était pas pour le septième ciel ! Ma chambre n'est qu'au 9e ! Non, je n'ai pas fait attention ; je devais avoir l'esprit ailleurs, protesta Grodaeg.

– Tu n'aurais pas été hypnotisé par ta charmante

compagne que tu aurais pu apercevoir les deux jeunes filles qui sirotaient, depuis des heures, leur coca-cola en nous lançant des œillades. Après votre départ, nous nous sommes donc rapprochés, Fournier et moi, pour faire plus ample connaissance. En tout bien tout honneur. Cela n'a pas duré très longtemps ; les petites n'étaient pas farouches et avaient du métier, si j'ose m'exprimer ainsi. Fournier en a pris une et je suis parti avec la deuxième, par pure solidarité. En te quittant ce matin, j'ai repris contact avec la mienne. Je me doutais bien que sa copine avait dû assister au massacre, ça n'a pas loupé. Elle se planque, elle est terrorisée.

– Elle a vu quelque chose ?

– Vu, c'est beaucoup dire. Fournier lui a fait signe de rester planquée dans la salle de bains quand ça a sonné.

– Elle n'a donc pas vu l'assassin ?

– T'excite pas et arrête de m'interrompre tout le temps, je perds le fil de mon récit. Je reprends depuis le début. D'après ce que j'ai pu comprendre, elle est montée avec lui. Elle est rapidement passée aux actes ; ils ont été interrompus par le garçon d'étage qui rapportait des affaires du pressing. Fournier ne lui a pas ouvert et lui a dit quelque chose qu'elle n'a pas compris mais le garçon est reparti sans insister. Elle parle quelques mots d'anglais mais uniquement du vocabulaire spécialisé.

Ils ont repris leurs occupations à la phase où ils en étaient restés. Le beau Fournier a dû vouloir lui faire la complète, histoire que, la prochaine fois, elle fasse bien la différence entre un Français et un autre étranger. Toujours est-il qu'à la fin de l'étreinte, il était paraît-il tout flageolant. Elle l'a laissé encore fumant, la langue pendante et le souffle court et en a profité pour s'offrir un petit séjour dans la salle de bain. Elle était tranquillement en train de se pomponner quand la sonnette a retenti à nouveau. Fournier a demandé qui c'était et est allé ouvrir en lui faisant un petit signe en passant pour lui recommander le silence. La porte de la salle de bain était entrouverte. La curiosité a pris le dessus et elle a vu dans le miroir du lavabo la personne qui rentrait. C'était une étrangère, cheveux clairs et forte corpulence. Fournier n'avait pas l'air ravi de la voir, mais d'après la fille, l'étrangère s'est frayé un passage jusqu'à la chambre malgré les réticences de Fournier qui s'est ensuite collé à la porte de la salle de bain. Il devait avoir une trouille bleue que l'étrangère n'y pénètre et ne tombe sur sa petite amie. Ensuite, tout s'est déroulé très vite. Elle n'a rien compris, elle a vu Fournier se retourner vers la porte d'entrée qui venait de s'ouvrir et s'écrouler. Elle s'est instinctivement blottie contre le mur, sans bouger. À partir de là, elle n'a plus rien vu. Elle a entendu des bruits bizarres. Au bout d'un instant la porte de la chambre s'est ouverte et refermée. Elle n'a pas bougé et elle a eu raison car l'assassin était toujours là. La porte s'est refermée une nouvelle fois, cette fois-ci ça avait l'air d'être pour de bon. Elle est restée encore une ou deux minutes sans bouger puis ne voyant rien venir elle s'est décidée à aller voir ce qui se passait. Fournier gisait toujours par terre. Elle était morte de trouille. Elle s'est dépêchée de se rhabiller et elle a filé sans demander son reste, mais en prenant son dû, et seulement son dû, sa copine est formelle sur ce point ! Elle n'aurait pris que les 400 dollars que Fournier lui aurait promis. Si c'est vrai, il cassait le marché. Enfin, le pauvre, on lui pardonnera. En tout cas ça t'explique pourquoi il en reste 500 dans le portefeuille et ça prouve bien qu'elle doit dire la vérité.

– Elle n'a donc pas vu qui a tué Fournier ?

– Mais tu n'as que cette question à la bouche, c'est pas possible ! Elle a seulement vu l'étrangère, mais d'après elle, c'est un complice qui a fait le coup, les coups de feu semblaient venir de la porte.

– Tu l'as vue ?

– Qui ça ? L'assassin ?

– Mais non ! Imbécile ! Tu as vu ce témoin ?

– Non. Je te répète que c'est sa copine qui m'a raconté tout ça. L'autre, elle se planque chez elle et ne veut plus sortir.

Grodaeg se passa les mains sur le visage et jura un bon coup. L'histoire que cette fille avait rapportée à Huang était trop énorme pour avoir été inventée et cadrait bien avec les éléments disponibles par ailleurs. Le mystère des cinq cents dollars laissés dans le portefeuille s'éclaircissait.

La surprise était de taille et réduisait considérablement le champ des suspects. Surtout du côté de la complice : d'un milliard deux cents millions d'individus il se limitait maintenant à quelques pèlerines. Qui pouvait bien avoir descendu Fournier ? Et qui l'avait aidé ? Une Française ?

– Si c'est une Française, on aura vite fait de la découvrir, pensa Grodaeg à voix haute.

– C'est peut-être la mère Goulet qui a fait le coup ! lui lança Huang sur un ton sérieux.

Grodaeg le fusilla du regard mais s'arrêta net, voyant que Huang parlait sérieusement :

– Arrête de divaguer ! Je sais bien que tu ne l'aimes pas, mais de là à l'accuser de meurtre, il y a quand même des limites à ne pas franchir. Et puis rappelle-toi ; Nous l'avons couchée complètement bourrée sur le coup des neuf heures ! Je ne la vois pas se relever trois à quatre heures après pour aller buter son voisin de chambre !

– Elle puait l'alcool. Cela ne veut pas forcément dire qu'elle était ivre.

– Mais pourquoi veux-tu qu'elle ait tué Fournier !?

– Je n'en sais strictement rien. C'est toi l'enquêteur, ce n'est pas moi ! Je te dis simplement qu'elle a très bien pu le faire et qu'elle est la seule à avoir traîné autour de Fournier et de Coulomb toute la journée. Et puis, des cheveux clairs et une forte corpulence…

Grodaeg resta songeur. Il réfutait cette thèse de toute son énergie mais la vision de Denise Goulet dans le lobby de l'hôtel lui revint en mémoire. Il se remémora Denise Goulet étonnée, avait-il cru, de l'apercevoir au moment de l'alerte. Qu'est-ce que tu fais là ? s'était-elle écriée. Son étonnement s'expliquait beaucoup mieux s'il s'agissait de l'apparition d'Annie Coulomb, supposée grillée dans sa chambre. De plus, il revoyait nettement Denise Goulet dans un chandail rouge. Elle portait un chemisier blanc tout imbibé d'alcool lorsqu'ils l'avaient couchée. Elle avait eu raison d'en changer mais ceci révélait qu'elle n'avait pas fait que dormir jusqu'à l'alerte au feu.

– Ton hypothèse ne tient pas debout ! cria-t-il à Huang comme pour s'en convaincre, je vais voir si elle est dans sa chambre. Toi, essaie de mettre la main sur la copine de ta copine. Promets-lui que nous ne dirons rien aux autorités chinoises et tâche de la convaincre de venir à l'ambassade identifier quelques photos. Invente ce que tu veux mais il est vital que nous mettions la main sur elle. C'est le premier témoin crédible que nous ayons sur cette affaire. Rejoins-moi ensuite au Jianguo pour le déjeuner de la Chambre de commerce.

Ils se séparèrent. Grodaeg se dirigea d'un pas rapide vers le comptoir d'accueil. Il voulait avoir le cœur net de l'éventuelle culpabilité de Denise Goulet.

– Nous sommes désolés, mais Madame Goulet a quitté l'hôtel ce matin.

Grodaeg avait vaguement pressenti cette nouvelle mais il la reçut malgré tout comme un coup de massue qui le laissa pantois. Il mit un bon moment avant de reprendre ses esprits.

Un des responsables de la sécurité le reconnut et vint à sa rencontre :

– Pouvons-nous vous être utiles ?

– J'aimerais jeter un coup d'œil dans la chambre que vient de libérer Madame Goulet. Serait-il possible de la visiter ?

Il avait dû recevoir des consignes car il ne fit aucune difficulté pour accéder à la demande de Grodaeg.

– Mais bien entendu. Voulez-vous me suivre ?

Comme il s'y attendait, la chambre avait déjà été refaite de fond en comble en prévision du futur occupant. Il ne restait plus aucune trace du passage de Denise Goulet. Par acquit de conscience, Grodaeg demanda néanmoins la permission d'interroger la femme de service qui s'était occupée de la chambre.

Elle arriva quelques instants plus tard. Elle n'avait rien remarqué de bizarre. Elle avait normalement changé les draps et les serviettes et remis un nouveau kit de produits de toilette.

Elle avait également réapprovisionné le mini-bar car une mignonnette de whisky avait été bue et réglée lors du départ. Le mini-bar était réapprovisionné tous les matins et tous les soirs ; la petite fiole avait donc été bue durant la nuit. Pour une personne déjà soit-disant imbibée d'alcool…

Grodaeg la remercia chaleureusement et la laissa partir. Il ne s'était de toute façon pas attendu à des miracles en visitant la chambre. Il était sur le point de quitter la pièce quand la femme de service refit son apparition.

– J'ai oublié de vous le signaler et je ne sais pas si cela peut avoir de l'importance pour vous mais, comme je l'ai signalé sur le cahier de contrôle, il manquait un oreiller de rechange dans le placard. J'ai dû en remettre un nouveau.

– Vous avez très bien fait, lui dit Grodaeg avec tristesse, merci beaucoup.

Le cercle se refermait un peu plus autour de Denise Goulet ; aucune preuve n'était encore véritablement accablante mais tous ces éléments commençaient à former un faisceau de présomptions de plus en plus dense.

Grodaeg prit congé de son accompagnateur et redescendit dans le lobby.

Samedi 12 h 15. Zhong Nan Hai,
Siège du Gouvernement Central. Bâtiment nord IV-A.

Zhou se tenait droit sur sa chaise, comme empalé par un tuteur invisible. Hu allait et venait, sillonnant la pièce de long en large. Son silence était autant de reproches. Il s'arrêta soudain face à Chou, le fixant droit dans les yeux.

– Foutez-moi ces lunettes à la poubelle! lui cria-t-il en les faisant voler d'un revers de main à travers la pièce.

La femme s'en est sortie, votre complice s'enfuit en France, vous perdez l'arme du crime, celle d'un agent américain de surcroît et pour clore la série, vous éliminez un agent de la Sécurité publique.

– Il avait assisté à l'élimination de Fournier, nous ne pouvions pas le laisser derrière, plaida Zhou qui se sentait nu et dépouillé sans ses verres.

– Fallait surtout ne pas le laisser devant! Vous n'êtes qu'un incompétent! Que faisait la Sécurite publique à vos trousses? Depuis quand vous suivent-ils!? Vous ne croyez tout de même pas qu'eux vont avaler votre mise en scène! Ils sont tout de même bien placés pour savoir qu'il n'a pas dû intervenir dans votre micmac! Vous vous étiez engagé à faire en sorte que cette élimination passe pour un cambriolage crapuleux, pas seulement aux yeux des étrangers mais aussi aux yeux de nos camarades!

Vous étiez officiellement en train de prendre des mesures indispensables au bon déroulement d'une opération secrète, décidée au plus haut niveau de l'Etat! Quel besoin aviez-vous d'inventer une histoire aussi abracadabrante d'une intervention intempestive de ce policier. Comment voulez-vous que les gens croient qu'un patriote ait pu s'opposer à l'élimination de deux agents ennemis? Pourquoi ce zèle complètement superfétatoire! Le meurtre de cet officier était parfaitement inutile et dangereux! Et vous croyez que main-

tenant, la Sécurité publique va se le tenir pour dit et nous laisser tranquilles !

Suivit une série d'invectives soignées où il fut question de treize points de 38, de 250, d'œuf de tortue, de sperme de lapin. Treize points est une vieille injure shanghaïenne, qui trouve sa source dans la pratique du jeu de dés : treize points étant le score que seuls les imbéciles pouvaient prétendre atteindre avec deux dés. Trois huit ou san ba a une étymologie plus incertaine, certains y voient une déformation provinciale du mot tortue qui est en Chine l'animal injurieux le plus coté. D'autres, plus machistes, pensent qu'il pourrait s'agir du 8 mars, Fête internationale de la femme. Deux cent cinquante ou er bai wu est toujours utilisé par les Chinois même s'ils ne sont plus tout à fait sûrs de savoir pourquoi. Quant à l'œuf rajouté à tortue, il se traduirait chez nous par un délicat fils de… injure franchement indélicate mais qui n'est rien comparé au sperme de lapin ou tu zhai zi qui avait ponctué la série d'injures lancées par Hu.

Zhou encaissa la tirade sans toutefois l'apprécier à sa juste valeur. Il voyait non sans une certaine anxiété sa promotion future se transformer en mine de sel dans le Xin Jiang, au plus profond du Turkestan chinois. Le joli lac de sel du centre du Taklimakan oscillait entre plus et moins 40 degrés ; ou batelier sur le Tarim, coulant paisiblement ses lits de sables à travers le désert. Le Tarim avait la particularité d'être un des seuls fleuves au monde naissant dans les montagnes pour s'en aller nulle part. Il se perdait dans les sables du désert, sans embouchure, sans estuaire, sans delta, sans bruit, sans une émotion et sans âme qui vive. L'avantage est que l'air y était peu pollué, peut-être pouvait-on noter quelques réactions épidermiques dues aux quelques dizaines d'expériences atomiques qui avaient secoué les dunes au cours des dernières décennies. Mais Zhou avait horreur du désert, il tenta donc de se ressaisir.

– Il nous a paru nécessaire de prendre cette mesure d'urgence. Nous ne savions pas ce que Tang pouvait avoir appris. Sa présence sur place et à ce moment critique nous a semblé extrêmement suspecte.

Voyant que Hu s'apprêtait à réagir violemment, il s'empressa de continuer :

– Nous contrôlons toujours la situation, Monsieur. Même leur certitude ne pourra les mener jusqu'à nous. L'arme en leur possession n'est pas traçable. Nous l'avons récupérée sur le corps de l'agent américain qui rôdait trop près de l'usine où seront fabriqués les gaz de combat. Personne n'est au courant de sa mort.

Hu bouillait de rage.

– Vous n'êtes qu'un pur crétin ! Qui va se soucier de tracer cette arme ! Sauf peut-être les Américains s'ils l'apprennent. Vous n'avez pas plus débile comme argument ?!

Zhou poursuivit. Il en menait de moins en moins large.

– Madame Goulet a repris l'avion ce matin pour la France. Elle n'a correspondu avec personne et un de nos agents est avec elle dans l'avion. Il va faire le nécessaire pour qu'elle ne nous importune plus. Nous avons également lancé une opération de diversion sur les Français en leur donnant une affaire de corruption en pâture. De toute manière, ce ne sont que des ventres mous qui ne nous ferons jamais d'histoire. Il nous suffit de lever un doigt pour les avoir prosternés à nos pieds.

Peng a réussi à nous mettre un de leurs policiers entre les jambes. J'ai organisé pour lui une petite réception, ce soir chez le peintre Xie. Il comprendra vite qu'il y a des limites à ne pas dépasser.

– Écoutez-moi bien, Chou. J'ai passé ma matinée à essayer de réparer vos erreurs. Pas un des membres du Comité n'a cru un seul instant à un seul mot de mon histoire. Nous avons encore un rapport de forces en notre faveur,

mais pour combien de temps si vous persévérez dans vos maladresses ? Je ne partage pas votre enthousiasme. Vous avez par votre bêtise mis en péril toute l'opération Légitimité. Il ne nous reste qu'une dizaine de jours avant le jour J. Tout doit être fait pour empêcher d'éventuelles fuites. Vous n'avez plus droit à l'erreur à partir de maintenant. Si vous ne voulez pas finir avec une balle dans la nuque, il va falloir vous montrer plus habile et mieux inspiré.

Zhou entrevit avec horreur sa mine de sel se changer en condamnation à mort. Il se vit à genoux à même le sol, les mains liées derrière le dos, le canon froid d'un pistolet appuyé sur la nuque.

Il connaissait chaque détail d'une exécution par cœur. Il avait commencé sa carrière dans cette spécialité. Il n'envisageait pas sans chagrin son passage de l'autre côté du miroir. Tirer une balle dans la tête des condamnés lui avait toujours procuré une immense jouissance. La perspective d'avoir à inverser les rôles lui faisait craindre de ne pas ressentir autant de plaisir.

Hu le congédia d'un geste.

Zhou ramassa ses lunettes et regagna son bureau furieux. Ses lunettes, tordues, lui déformaient la vue. Il manqua de s'étaler dans l'escalier. Tous ceux qui le croisaient en prenaient pour leur grade, de la vigile de l'étage jusqu'à la femme de ménage.

Il espéra, dans un premier temps, pouvoir passer sa colère sur cet incapable de Wang.

Lao Wang le toisa narquoisement tout le temps que dura son engueulade, quintuplant la fureur de Zhou qui l'accusait d'être à la source du foirage de cette opération.

Si Zhou en avait eu la possibilité, il aurait volontiers étranglé Wang sur place. Son attitude provocante et son rictus moqueur faisaient déborder la coupe. Il ne perdait rien pour attendre.

Dans quelques jours, personne ne pourrait plus rien contre eux. En attendant, il fallait tenir contre vents et marées. La situation n'était en rien désespérée. Les pistes menaient toutes à l'opération Réunification pour laquelle il avait les pleins pouvoirs et toute latitude pour en assurer le succès. Rien ne laissait supposer l'existence de l'opération Légitimité et rien ne devait mettre quiconque sur la voie.

Samedi 12h30. Hôtel Jianguo.

Le taxi déposa Grodaeg devant le Jianguo.

Un panneau à l'entrée indiquait que la réunion avait lieu dans les salons, au sous-sol. La salle était déjà noire de monde quand Grodaeg fit son entrée. Il prit sagement la queue des arrivants pour sacrifier au rite de l'enregistrement des convives. Son tour venu, il déposa sa carte de visite dans le panier d'osier disposé à cet effet et s'apprêtait à régler sa participation au repas quand Despierre l'en empêcha :

– Vous êtes notre hôte, aujourd'hui, mon cher Grodaeg ! Déposez votre manteau et venez nous rejoindre. Nous avons hâte d'entendre votre opinion sur les circonstances de ce drame affreux.

Radio tam-tam avait dû jouer à plein dans la matinée car la salle était comble et l'on apercevait au fond les employés de l'hôtel s'activant à rouler de nouvelles tables pour les convives qui s'étaient manifestés à la dernière minute.

Despierre prit fermement le bras de Grodaeg de peur qu'il ne disparaisse dans la fumée de la salle et l'entraîna dans une petite pièce à l'écart où se tenaient déjà Sternant, Fites, Beaumainate et Berceau, le directeur de la DREE, ainsi que quelques autres parmi lesquels Grodaeg reconnut des vieilles connaissances : le colonel Briquet, Attaché militaire ; un aviateur dont les vues ne s'arrêtaient pas à la visière de son képi et qui plus est sympathique, ce qui ne gâchait rien.

Grodaeg avait participé avec lui, dans le cadre de ses fonctions bien évidemment, à quelques beuveries pas piquées des hannetons avec ses vis-à-vis de l'Armée Populaire de Libération et Hiamat, le Consul général à Shanghaï, digne successeur de nos grands consuls d'antan.

Hiamat avait deux grands faits d'arme à son actif : il avait tapissé les murs de sa résidence de nus académiques au grand dam des culs bénis mais à la grande joie des visiteurs et – outre ses charges consulaires qu'il prenait très à cœur – il militait pour la sublimation des gastronomies chinoise et française et avait à cet effet, transformé le sous-sol de son consulat en une immense cuisine qui, dans une alchimie divine, transcendait pour mieux les unir les spécialités culinaires des deux pays.

Les présentations faites, la conversation se focalisa bien entendu sur le meurtre de Fournier. Pour d'évidentes raisons, Grodaeg ne souhaitait pas dévoiler les maigres pistes sur lesquelles il comptait s'engager. Sa tâche fut d'ailleurs facilitée par Sternant qui prit d'entrée la parole :

– Comme je vous en ai déjà informé, Monsieur Grodaeg, ici présent, a été désigné pour assister la police de ce pays à appréhender l'assassin de Monsieur Fournier. Je réitère, en sa présence, mon souhait de vous voir collaborer au maximum à ses investigations. Je vous enjoins également à ne pas céder au catastrophisme et à tout faire pour qu'autour de vous cette regrettable affaire ne s'amplifie pas hors des proportions qui sont les siennes : un crime perpétré par un détraqué. Je vous rappelle que la France a, depuis plusieurs mois, réussi à renouer avec la Chine des relations d'amitié et de coopération au niveau privilégié où elles se devaient d'être. Il ne faudrait pas que cet incident, pour tragique et affreux qu'il soit, vienne dégrader une situation que nous avons eu tant de mal à améliorer. Mais je laisse la parole à Monsieur Grodaeg pour qu'il nous fasse part de ses commentaires ou de ses questions s'il le souhaite.

Sternant ne faisait pas dans la finesse. Le message était clair : la boutique devait rester ouverte durant les travaux.

Curieux personnage que ce Sternant. C'était un petit bonhomme maigrichon qu'un concours de circonstances avait porté à ce poste de responsabilité ; les retombées du massacre de la place Tiananmen et les ventes d'armes de la France à Taïwan avaient si bien détérioré les relations sino-françaises que le Conseiller diplomatique du premier ministre de l'époque, un certain Decler, n'avait eu aucune difficulté pour rallier toutes les candidatures sur le plus falot des candidats, mais les exhortations candides et désintéressées des milieux d'affaires s'étaient élevées pour mettre un terme au plus vite à cette quarantaine qui contrecarrait leurs intérêts et le gouvernement avait été une nouvelle fois contraint à une des palinodies dont il est coutumier. Sternant s'était donc fait le chantre des admirateurs de la Chine et menait glorieusement ses troupes à l'assaut des moulins et ce Don Quichotte ne tenait pas à ce que le meurtre d'un quidam, fut-il au service de la République, vienne refroidir, même temporairement, les excellentes relations qu'il avait eu tant de mal à restaurer.

Tous les regards s'étaient maintenant fixés sur Grodaeg qui toussota autant pour s'éclaircir la gorge que pour se donner une contenance :

– Comme vient de le dire fort justement Monsieur l'Ambassadeur, la police semble pour le moment privilégier la piste d'un vol à main armée. Elle aurait d'ores et déjà arrêté un des assassins et rechercherait activement un des employés de l'hôtel qu'elle soupçonne de complicité dans ce crime. Ma tâche consiste uniquement à récolter auprès de vous des indices ou des témoignages qui pourraient avoir un rapport avec ce crime. Je suis particulièrement soucieux de savoir si les voisins de chambre de Monsieur Fournier ont entendu ou vu quelque chose durant la soirée et la nuit passées. Je pense que cette affaire sera vite réglée et que chacun pourra poursuivre ses affaires dans un climat serein.

Grodaeg avait horreur de parler en public.

Il entreprit ensuite d'interroger un peu à l'écart Fites, Beaumainate et Berceau, les voisins les plus proches de la victime. La scène avait un peu l'allure d'une confesse, au vu de tous. Grodaeg s'entretenait à voix suffisamment basse pour que personne n'entende mais tous les regards restaient discrètement tournés vers lui, guettant le moindre geste pouvant trahir un étonnement ou tout autre sentiment.

Berceau apporta un léger piment en s'embourbant dans des explications tordues pour finalement avouer, rouge de confusion, qu'il avait passé la nuit quelques étages plus bas, en compagnie d'une bonne amie qui comme par hasard se trouvait justement en Chine au même moment que lui. Grodaeg mit fin à son supplice en lui promettant que son escapade resterait confidentielle. Comme quoi, bien qu'inspecteur des finances, on n'en était pas moins homme. Il avait là un démenti flagrant à la rumeur propagée par certains malveillants qui affirmaient que nos énarques étaient de la souche des eunuques qui avaient dirigé l'Empire chinois à la fin de la dernière dynastie entraînant dans la déconfiture l'Impératrice Cixi et son successeur, l'infortuné Puyi. Non, non, non, et quoi qu'en disent ces malotrus, la France n'était pas tombée en queue de nouilles.

Fites, de son côté, réenfourcha le dada de Sternant et s'efforça de convaincre Grodaeg que ce déplorable incident, pour affligeant qu'il soit, ne devait pas jeter le discrédit sur l'ensemble du processus de réforme en cours. Ce que Beaumainate s'empressa de parodier sous des allures scientifiques, en déclarant doctement qu'il s'agissait là non pas d'un épiphénomène induit par un développement rapide mais plutôt d'une conséquence des progrès réalisés qui annonçaient un retour de la Chine à la normalité en la confrontant à des crimes et des délits communs à toute société. Dans son tiroir de la morgue Fournier devait apprécier.

Il était une heure passée et la foule des résidents et des exportateurs de passage commençait à s'impatienter. Le petit groupe de notables se décida donc à interrompre son aparté et à rejoindre le reste de la communauté française qui les attendait, déjà installé autour des tables du déjeuner.

La petite troupe fit une entrée magistrale digne d'une cour d'assises, tous à la file, Sternant en tête, suivi de Fites, Despierre, Berceau.

Grodaeg profita de la solennité de cette entrée pour s'éclipser en compagnie de Hiamat et de Briquet, en direction de la table de Quatsous et de Dusalon qui lui faisaient de grands signes à l'autre bout de la salle.

Au risque de froisser leurs excellences, il préférait mille fois la compagnie de ces joyeux drilles aux rites compassés des notables de la table d'honneur.

Au grand désarroi de Sternant et sous le regard désapprobateur de Despierre, il s'assit donc à leurs côtés, ravi d'avoir pu échapper aux poncifs des tablées protocolaires.

– Alors ! Il suffit que tu reposes le pied dans l'empire pour que les victimes pleuvent comme des mouches ! l'attaqua ironiquement Quatsous.

– Comme des mouches ! Là, tu y vas un peu fort ! Il y a un mort. C'est quand même pas encore un *remake* des *55 Jours de Pékin* !

– Tu n'inclus pas les vice-maires dans ton décompte ? lui demanda Quatsous sur un ton énigmatique.

– Quels vice-maires ?

– Les deux qui sont morts ce matin. L'information

vient de tomber sur les téléscripteurs de l'agence Chine-Nouvelle.

– Une épidémie de grippe asiatique?

– Si c'est la grippe, il va falloir qu'on se fasse vacciner! Le virus a l'air coriace cette année, et pervers; Le premier est mort des suites d'une longue maladie et le deuxième se serait suicidé.

– Et cela aurait quelque chose à voir avec notre affaire?

– Peut-être bien que oui, peut-être bien que non. Quand je t'ai dit que cela venait de tomber sur les téléscripteurs de Chine-Nouvelle, j'aurais dû te dire sur les télécrypteurs de Chine-Nouvelle; car ici c'est toujours la langue de bois. La dépêche c'est une chose, sa traduction vient après. Pour ces deux-là, les rumeurs vont bon train; Radio-Hutong laisse entendre que la longue agonie du premier aurait été abrégée, par charité bien entendu, grâce à un oreiller qu'on lui aurait maintenu sur le visage. Il faut préciser que, d'après la même rumeur, sans ce geste humanitaire et désintéressé, le pauvre homme aurait pu souffrir encore au moins vingt ans. Quand au deuxième, la ville salue son courage car pour se suicider d'une rafale de mitraillette dans le dos, il ne faut pas avoir froid aux yeux.

– Tu tiens ça d'où?

– Tu m'excuseras de ne pas te citer mes sources mais c'est du crédible, sinon je ne t'en parlerais pas. En général, on est parmi les derniers informés de ce qui se passe mais à certaines périodes, les infos affluent de tous les côtés sans même qu'on les recherche! Que veux-tu, on a un boulot comparable à celui des plombiers; quand ça manque de cohésion, ça fuit de partout. Pour en revenir à tes vice-maires, nos informateurs ont même eu l'obligeance de laisser entendre que la divulgation de leurs comptes en Suisse ne serait pas étrangère à leur décès. Je note, avec plaisir, à ta réaction, que cette dernière nouvelle ne te laisse pas indifférent.

Grodaeg, il est vrai, n'avait pas pu s'empêcher de sursauter à la mention des comptes en Suisse. La coïncidence était frappante, d'autant plus que les Suisses ne s'amusaient pas à violer leur sacro-saint secret bancaire tous les jours.

– Et que disent encore tes informateurs ?

– J'en ai un qui vaticine que la série ne va pas s'arrêter là et que quand les poutres sont rongées par les termites, c'est tout l'édifice qui s'écroule. Il va donc falloir être patient et attendre la fin de la prophétie.

– La police locale, de conserve avec Sternant, Fites et Beaumainate, pense que pour Fournier, nous sommes plutôt confrontés à un vol qui aurait mal tourné, lança Grodaeg pas vraiment convaincu et encore moins convaincant.

Quatsous éclata de rire :

– La police locale, je connais pas. La Sécurité publique ? La Sécurité d'Etat ? La Police municipale ? La Police des étrangers ? Les milices locales ? La sécurité du parti ? La Police militaire ? J'arrête là la liste sinon on en aurait jusqu'au dîner ! La police pense... elle est bien bonne celle-là ! On arrive déjà pas à comprendre ce qu'ils disent, c'est pas encore demain la veille qu'on saura ce qu'ils pensent.

Pour Sternant, c'est plus facile ; il n'a rien compris au pays et il en repartira sans en avoir compris plus. Nos ambassadeurs ne sont plus là que pour la décoration ou pour chanter les louanges de leur pays hôte quelle qu'en soit la situation. Je te parie qu'en son temps, nous avons dû avoir un ambassadeur à Kampala qui inondait le Quai d'Orsay de télégrammes pour tenter de démontrer qu'Idi

Amin Dada n'était pas aussi cruel et loufoque qu'on pouvait le penser et qu'il était de l'intérêt de la France de maintenir de bonnes relations avec lui!

Fites et Beaumainate, c'est plus grave, ils croient avoir compris quelque chose à la Chine; cela les rend nettement plus dangereux. De toute façon, ces gens-là sont clairs comme de l'eau de roche; tout ce qu'ils veulent c'est éviter les vagues. Si la thèse du cambriolage plaît à la police c'est qu'il s'agit sûrement d'un cambriolage. La police conclurait à un accident stupide en expliquant que ton Fournier s'est mortellement blessé en essuyant son pistolet contre sa chemise qu'ils abonderaient encore dans son sens!

D'un autre côté, tu peux être au moins sûr d'une chose; si Beaumainate te dit qu'il s'agit d'un cambriolage qui a mal tourné, c'est qu'il s'agit forcément d'autre chose. Celui-là s'est toujours trompé dans ses diagnostics sur la Chine! Ces mecs n'ont qu'une chose en tête : l'Eldorado chinois. Ils sont morts de trouille à l'idée qu'on pourrait tuer leur poule aux œufs d'or. Parle-leur de droits de l'homme et ils deviennent cramoisis, en début d'apoplexie!

– Il faut bien reconnaître que c'est une question qui fâche énormément les autorités de ce pays et qu'à chaque fois que le problème est soulevé, les relations bilatérales en souffrent, le titilla Grodaeg qui le savait chatouilleux sur cette question.

– Foutaises! Crois-tu sincèrement que le gouvernement tremble devant la poignée de dissidents qui osent encore rouspéter! Ils en ont tellement peu qu'ils sont obligés de réemprisonner les mêmes après les avoir relâchés! Il y a un danger potentiel, je l'admets, mais qui ne peut expliquer à lui seul les réactions excessives du Pouvoir.

Il faut être sorti d'une grande école pour ne pas voir que les Chinois s'amusent avant tout au chat et à la souris avec nous. Regarde le dernier voyage en France de leur premier ministre. L'esclandre qu'a pu faire Li Peng pour une malheureuse mention emberlificotée sur l'attachement de la France aux droits de l'homme! Crois-tu vraiment qu'en décidant d'envoyer leur premier ministre en France, les Chinois ne connaissaient pas notre attachement aux droits de l'homme?! Ils ont simplement voulu prendre notre température, à la manière française, pas par voie buccale, tu vois où ils nous l'ont mis leur thermomètre? Ils voulaient voir à quel degré de détermination et de fermeté nous nous trouvions. Et ça n'a pas loupé, on s'est aussitôt plié à leurs quatre volontés. On n'allait pas perdre des milliards pour si peu de choses. Comme si l'on pouvait espérer gagner la course aux milliards avec le pantalon aux chevilles! Fites est un expert, il t'expliquera qu'une attitude conciliante et réservée – en clair, si on évite soigneusement de parler de tout ce qui pourrait fâcher – est une attitude payante qui augmente notre prestige aux yeux des Chinois et qui permet en outre, de faire libérer quelques dissidents, là où des protestations énergiques ne feraient que renforcer la répression!

Quatsous était en forme, la tablée était ravie. Personne ne semblait offusqué par ses propos autour de cette table qui avait comme par enchantement attiré une bonne partie des parias de la communauté expatriée, cracheurs dans la soupe et empêcheurs de siniser en rond.

Cochisi ne pipait pas un mot dans son coin mais son visage trahissait la jouissance de pouvoir entendre tout haut ce qu'il pensait tout bas.

– Mais vous, Commissaire, croyez-vous vraiment à la thèse du cambriolage? lui demanda un résident local assis face à lui.

Grodaeg reconnut Monsieur Lépine, une vieille connaissance. Lépine défendait en Chine depuis plus de douze ans, les intérêts d'une importante compagnie pétrolière. Sa silhouette massive oscillait, suivant les régimes qu'il s'imposait de temps à autre, entre celle d'un pilier de rugby et celle d'un lutteur de sumo. Il avait, allié à une vivacité d'esprit redoutable, le verbe cinglant et facile et un entregent capable de faire fondre même son pire ennemi. Pour couronner le tout, son sens de l'opportunité et son culot lui permettaient de se tirer sans trop d'encombres des situations périlleuses et des impasses dans lesquelles son goût pour la démesure l'entraînaient parfois.

Son habilité à confondre les serments éternels et l'apostasie lui avaient permis de survivre à trois Présidents Directeurs Généraux successifs et à soutenir des stratégies radicalement opposées aux précédentes après chacune des nominations, retournant en sa faveur les missi dominici qui étaient venus lui signifier sa disgrâce. Son coup de génie avait été de convaincre sa Société de soutenir financièrement un projet de musée d'art moderne pour abriter les toiles d'un peintre officiel. Le musée était devenu un rendez-vous des vieux caciques du régime et lui procurait des entrées auprès de la nomenklatura qui lui susurrait de temps à autre à l'oreille des scoops anodins ou fantaisistes. Grâce à ces relations privilégiées, Lépine venait d'abreuver Quatsous d'informations de première main sur la chute des deux vice-maires. Ses sources pouvaient aussi se révéler plus hasardeuses. Il pouvait également se vanter d'avoir été le premier à annoncer la mort de Deng Xiaoping, mais c'était il y a de cela 5 ans et cela n'avait, semble-t-il, pas altéré la santé du patriarche.

Grodaeg s'en tint à sa ligne de conduite :

– Pourquoi pas ? Dans ce genre d'affaire, aucune hypothèse ne peut être a priori écartée et l'expérience et les statistiques prouvent que les mobiles les plus grossiers sont souvent les plus crédibles.

– Vous privilégiez donc la piste du voleur surpris ?

– Comme je vous le dis, je n'écarte aucune hypothèse répondit Grodaeg prudemment.

– Que faites-vous pour le dîner, cher Monsieur Grodaeg ? Si vous étiez libre, je vous présenterais à mes amis du musée. Ils ont préparé un petit banquet pour vous, avança Lépine.

– Attendez ! Vous me demandez si je suis libre en m'annonçant que vous avez déjà préparé quelque chose à mon intention ! ?

– C'est la Chine, Monsieur Grodaeg ! L'ordre des choses est inscrit dans le temps. Vous n'allez pas vous formaliser pour si peu. Vous ne serez pas déçu, je vous le promets ; apprêtez-vous à rencontrer du beau monde.

– Je vous remercie sincèrement pour cette invitation mais il se peut que je sois obliger de rester à la disposition des autorités chinoises qui ont sollicité mon aide, lui répondit prudemment Grodaeg.

Lépine ne se démonta pas pour si peu. Il consulta discrètement le petit papier sur lequel il avait griffonné quelques notes et récita sa leçon à Grodaeg :

– Monsieur Peng ne pourra pas se joindre à cette petite fête mais il vous verra après à votre hôtel. Vous voyez que je suis bien renseigné. Monsieur Zhou sera par contre des nôtres accompagné de nombreux amis. On m'a dit de vous dire, si vous hésitiez encore, que Madame Goulet a aussi été invitée à ce dîner.

Les amis de Monsieur Lépine ne lui avaient sûrement pas demandé de mentionner le nom de Goulet au hasard. Ses faits et gestes étaient donc minutieusement observés.

Sa petite visite dans la chambre de Denise Goulet n'était donc pas passée inaperçue.

– Cela m'étonnerait que Madame Goulet puisse participer à votre réunion ; elle m'a demandé une place sur le vol de ce matin. Il ne me restait plus que des premières. À l'heure qu'il est, elle survole déjà la Mongolie ! intervint Nucais, le représentant d'Air France à Pékin.

– Après ce que je viens d'entendre, je doute fort que Madame Goulet soit de la partie, mais dites à vos amis que j'accepte de bon cœur leur invitation. J'ai toujours eu une passion pour la peinture chinoise ; je visiterai le musée avec plaisir.

– Vous ne serez pas déçu par le musée. Aux œuvres de Xie Zhou ont été réunies celles de grands peintres contemporains, Ji Baishi, Xu Peihong et des dizaines d'autres. Et vous ne serez pas trahi par la cuisine ! C'est le dernier cuisinier de Mao lui-même qui est aux fourneaux ! Si vous le voulez bien, je passerai vous prendre à votre hôtel vers 17 h 45.

Grodaeg remercia Lépine puis resta un moment songeur.

Ainsi, il se confirmait que Denise Goulet avait bel et bien décampé. Cette fuite en forme d'aveu le déroutait. Un comité d'accueil et un interrogatoire s'imposaient à son arrivée en France. L'avion venait à peine de décoller ; Grodaeg avait donc encore dix bonnes heures devant lui pour mettre sur pied sa réception à Roissy.

Il profita donc de la présence de Briquet à ses côtés pour lui demander en aparté de bien vouloir faire passer quelques messages à sa maison mère, à Paris. L'ambassade lui semblait trop peu fiable en la matière. Le fax n'aurait pas atteint le ministère qu'il aurait déjà à répondre à la Chine entière et à une bonne moitié des résidents sur les motifs de sa démarche. Les militaires avaient leur propre système de communication et étaient tout de même mieux préparés à la confidentialité et à l'efficacité que leurs confrères des Affaires étrangères.

Bientôt le repas s'acheva, chacun étant pressé de rentrer à son bureau avant le coup de feu de 16 heures, ouverture des bureaux en France. L'assemblée se leva comme un seul homme dans un tonnerre de chaises et de brouhaha confus.

Grodaeg aperçut Huang qui venait de passer une tête, à contre-courant. Il le rejoignit à grande enjambées :

– Ça c'est bien passé ? Tu as pu rencontrer la fille ?

– Je n'ai pu parler qu'à la mienne. L'autre a vraiment les chocottes, elle se terre encore chez elle pour le moment. Elle refuse d'aller à l'ambassade de France et encore moins de rencontrer quelqu'un de la police chinoise. Elle accepte de nous rencontrer, nous deux uniquement, demain matin à sept heures devant la gare centrale. Elle a des parents dans la région de Shanghaï ; elle doit prendre le train tout de suite après pour les rejoindre.

– D'accord, on va faire comme ça. Il faudrait que tu me trouves pour demain matin des photos de la mère Goulet. Je suis sûr que tu n'as pas pu toutes les déchirer, tu dois bien en avoir encore quelques-unes dans ta collection.

– Tu avais également un message à l'hôtel. Je me suis permis de te l'apporter, lui dit Huang en lui tendant une enveloppe cachetée.

Le pli venait de l'ambassade des États-Unis. Intrigué, Grodaeg déchira l'enveloppe : c'était un petit mot de Mike Prott.

Grodaeg connaissait Mike Prott depuis des années. Il avait été en poste à Paris et parlait le français aussi bien que le chinois, c'est-à-dire presque comme sa langue natale. Il avait également été en poste à Taïwan et à Canton. Ses promotions successives ne laissaient aucun doute quant à son appartenance à la CIA mais cela ne l'empêchait pas d'entretenir d'excellentes relations avec ses partenaires chinois.

Le message était laconique ; Mike Prott avait appelé et demandait qu'on le rappelle d'urgence.

Samedi 14 heures.
Direction de la Sécurité publique.

Peng s'étira, la fatigue le gagnait. Il avait dépassé l'heure de sa sieste quotidienne et son organisme, habitué à ce petit repos journalier, le relançait. Il se serait bien allongé quelques minutes sur le sofa de son bureau mais l'heure n'était pas au laisser-aller. Il avait réuni toute son équipe, l'atmosphère était lourde, une certaine rivalité avait toujours existé entre les agents de la Sécurité publique et ceux de la Sécurité d'État qui les considéraient comme des ploucs tout juste bons à ramasser les poivrots ou à arbitrer les éternels conflits qu'entraînait, dans les HLM, la cohabitation plus ou moins forcée dans les cuisines ou les toilettes partagées par tous les occupants.

Mais là, il n'était plus possible de parler de rivalité. La mort de Tang avait été ressentie par tous comme une déclaration de guerre. Que Zhou en profite, par dessus le marché, pour le souiller en l'accusant de l'assassinat d'un étranger, ajoutait l'injure à la blessure. Peng avait dû intervenir en personne pour empêcher ses hommes de régler directement ce différend à la mitrailleuse lourde.

Le calme revenu, Peng s'était efforcé de renforcer la surveillance des équipes de Zhou et de comprendre à quoi rimaient ces assassinats. La divulgation de renseignements mettant en cause le Maire de Pékin et ses principaux adjoints n'apportait aucune lumière sur cette affaire. Cela pouvait jeter de la poudre aux yeux aux étrangers, à la rigueur, Hu ne pouvait pas croire qu'il mordrait à cet hameçon. Peng était bien placé pour savoir que Hu avait tout fait pour retarder la publication de ces informations mais qu'il y aurait, de toute manière, été contraint un jour ou l'autre. Personne d'ailleurs à la Sécurité publique ne pleurerait sur le sort de ces responsables. Le souvenir du 4 juin 1989 était encore présent dans tous les esprits. Ils étaient parmi ceux qui avaient laissé l'armée pénétrer dans la ville. La Sécurité publique, qui s'était beaucoup solidarisée avec le peuple de la capitale, avait pas mal souffert de la chasse aux sorcières qui avait suivi, alors que Hu lâche ses petits copains ne leur faisait ni chaud ni froid.

Peng n'avait plus qu'à prier le Suprême Seigneur de l'Auguste Ciel pour que la surveillance des faits et gestes de Zhou et de sa bande donne un résultat.

Restait un maigre espoir que la piste française s'avère fructueuse. Son ami Grodaeg était un obstiné, Peng comptait sur lui pour aller jusqu'au bout de son enquête. Tant pis si l'opération Réunification devait y laisser quelques plumes. Peng sentait qu'elle n'était qu'un paravent pour cacher quelque chose. Pourquoi sinon Hu n'y aurait-il placé que des hommes de confiance à lui ?

L'air de la pièce était à la limite du respirable. La fumée des cigarettes avait ramené la visibilité à moins d'un mètre. Ses adjoints s'étaient partagé les rôles et chacun d'entre eux discutait à un bout de la grande table avec ses hommes pour se répartir le travail. Toutes les équipes disponibles étaient sur le pont et le ministère, une fois n'est pas coutume, n'avait pas lésiné sur les moyens. Peng avait obtenu le droit d'utiliser les meilleures voitures banalisées du parc automobile et toute l'électronique disponible : écoute à distance, lunettes de vision nocturne, caméras microscopiques, suiveurs électroniques, paquet de cigarette-téléphone. Côté protection, le nécessaire avait également été fait, tous les gadgets étaient de sortie, des armes classiques jusqu'au matériel le plus insolite. Peng s'était enthousiasmé pour un fume-cigarette-sarbacane capable d'éjecter une micro fléchette de poison. Le temps de la porter à sa bouche et tout ses équipiers s'étaient jetés au sol.

Il s'était ensuite contenté de regarder sans toucher : les boules de gommes explosives, le briquet à gaz asphyxiant, le parapluie de 20000 volts. Peng refusa de se demander comment la Sécurité publique avait pu se procurer ce type de matériel.

Une immense carte de Pékin était placardée au mur. Les périphériques et les grands axes avaient été retracés en rouge pour améliorer la visualisation des principaux endroits de la ville. Des plaquettes magnétiques de différentes couleurs et portant des numéros s'affichaient à plusieurs emplacements, rouges pour les équipes de Chou, bleues pour les siennes et jaunes pour tous les autres. De temps à autre, quelqu'un saisissait un long râteau en bois et déplaçait quelques plaques.

Des secrétaires entraient et sortaient régulièrement pour communiquer de nouveaux messages ou pour s'activer à différentes commissions. La salle avait vraiment l'allure d'un état-major en campagne. D'ailleurs, c'était vraiment la guerre !

Une main tendit un message sous le nez de Peng qui s'en saisit. C'était la balistique ; le pistolet qui avait servi au meurtre n'était pas répertorié dans leurs dossiers. Il s'agissait d'une arme qui n'était utilisée par aucune force armée du pays. Plusieurs exemplaires similaires avaient été confisqués dans la région de Hongkong et de ses alentours dans des affaires de trafic et de mœurs. Celle-ci était vierge de tout antécédent en Chine. Les balles trouvées dans le corps de la victime avaient bien été tirées par cette arme. Peng se perdit en conjectures pour savoir ce qui avait bien pu pousser le meurtrier à laisser l'arme du crime bien en vue sur le lit. Les gens de chez Zhou étaient vraiment une équipe de guignols et de bras-cassés.

Une secrétaire déposa un papier dactylographié devant Peng occupé à téléphoner. Il le parcourut des yeux tout en continuant sa conversation. C'était la copie d'un nouveau message que venait de recevoir Grodaeg à son hôtel. Une main délicate avait transcrit la traduction chinoise du texte en bas de page. Un certain Mike Prott de l'ambassade des États-Unis souhaitait le rencontrer d'urgence.

Peng raccrocha son combiné et resta un moment pensif, à consulter son papier. Pourquoi les Américains débarquaient-ils maintenant ? Peut-être n'y avait-il aucun lien entre les deux affaires mais Peng ne voulait plus croire au hasard et l'urgence du message montrait qu'il ne pouvait s'agir d'une visite de courtoisie.

Un coup d'œil sur la carte murale lui apprit que Grodaeg était arrivé dans les locaux de l'ambassade américaine. Il aurait donné cher pour connaître le but de sa visite, mais il n'avait pas encore les moyens de capter les conversations au cœur de cet édifice. L'ambassade des États-Unis n'était pas comme l'ambassade de France ou de Grande-Bretagne…

Un deuxième coup d'œil sur le tableau lui apprit l'arrivée d'une équipe de Zhou aux abords du bâtiment. Zhou avait-il mis, lui aussi, Grodaeg sous surveillance ?

Samedi 15 heures. Ambassade des États-Unis en Chine.

Grodaeg avait profité du téléphone situé au bout du comptoir d'accueil pour rappeler Mike Prott. L'ambassade n'étant pas très éloignée de l'hôtel Jianguo, Grodaeg s'était laissé convaincre d'y faire un petit saut immédiatement en échange de la promesse d'un véritable *expresso* et d'une petite lampée d'un très vieil armagnac que Mike venait de rapporter de ses dernières vacances en France. Il était par dessus tout curieux d'apprendre ce que celui-ci pouvait bien lui vouloir.

Il avait donc laissé le soin à Huang de partir seul poursuivre la négociation engagée chez NORINCO et s'était dirigé tranquillement vers l'ambassade américaine. Mike Prott l'attendait à la porte, ce qui lui permit de passer sans trop d'encombres les différents contrôles qui transformaient l'entrée dans l'ambassade en une épreuve de Fort-Boyard. Après avoir parcouru un dédale de couloirs, quelques portiques de détection magnétique et plusieurs sas à code confidentiel, ils accédèrent enfin au bureau de Mike.

La pièce avait la forme d'un grand *L* flanqué sur tout un côté de larges baies vitrées équipées de puissants stores vénitiens blindés, abaissables à volonté, pas seulement par crainte de projectiles; les conversations s'écoutaient également par simple captation de la vibration des vitres. Les fenêtres donnaient sur une petite cour, d'apparence paisible. Un bureau chinois ancien occupait le fond de la pièce; c'était un vieux meuble de mandarin en palissandre. Le bois lourd et lustré était d'un brun foncé laissant apparaître çà et là quelques reflets violacés. La table massive s'appuyait sur deux supports de quatre pieds simplement sculptés. Deux larges tiroirs s'ouvraient de chaque côté du meuble. Une grille du même bois était posée à même le sol pour servir de repose-pieds.

Une imposante bibliothèque occupait le fond du bureau. Le pan du mur face aux fenêtres était garni d'étagères d'époque Ming, sur lesquelles avaient été disposées quelques poteries : des bleu et blanc de l'époque Qing côtoyaient des sang-de-bœuf et des céladons finement ciselés. Une immense peinture, déroulée du plafond jusqu'au sol, séparait les étagères. C'était un vieux rouleau de peinture d'inspiration taoïste, représentant un paysage de montagne dans lequel s'enfonçait et se perdait le chemin d'un vieux sage. Deux grands tapis bleus de Baotong recouvraient en partie l'affreux carrelage du sol. À l'autre bout de la pièce, près de l'entrée, Mike Prott avait fait des concessions au confort occidental en choisissant de sobres fauteuils en cuir noir.

Grodaeg s'enfonça dans un des fauteuils qui lui tendait les bras et accepta la tasse que lui offrit Mike Prott. Ce dernier n'avait pas menti. L'*expresso* était réellement bon et le vieil armagnac qui suivit, divin.

Mike lui laissa le temps de déguster puis entra directement dans le vif du sujet :

– Nous avons appris qu'un de vos compatriotes a été assassiné dans sa chambre d'hôtel.

– Je vois avec plaisir que vos services sont toujours bien informés, lui confirma Grodaeg

– Ce n'est pas un grand mérite. La nouvelle a déjà fait le tour de Pékin et de toutes les chancelleries. Le drame est affreux, bien évidemment, mais ce n'est pas pour cela que nous nous intéressons à cette affaire. Votre compatriote a été tué de trois balles de pistolet; avez-vous vu l'arme du crime?

– La police chinoise m'a montré des photos.

Mike lui sourit et enchaîna :

– Si nos informations sont toujours bonnes, il s'agit

d'un Walther PPK de calibre 7.65. Une arme peu courante en Chine, surtout équipée d'un silencieux Braush.

Grodaeg ne put cacher son étonnement admiratif :

– Pas facile de vous cacher quelque chose !

– Nous ne sommes hélas pas toujours aussi bien informés. Par un heureux hasard, bien que heureux ne soit peut-être pas le meilleur mot, nous avons pu nous procurer un jeu des photos prises sur le lieu du crime. Je vous demande, bien évidemment de garder ceci très confidentiel. Comme vous vous en êtes sûrement rendu compte, deux petites plaques de nacre blanc avaient été ajoutées et vissées sur la crosse.

– Vous connaissez cette arme ?

– C'est bien pire que cela, Monsieur Grodaeg ; cette arme appartenait à un de nos agents qui a malencontreusement disparu au cours d'un séjour touristique qu'il effectuait le mois dernier en Chine.

– Un voyage touristique ? Il faudra me donner le nom de l'agence qui a organisé le tour ! lui lança Grodaeg sur un ton goguenard.

– Je suis sûr que vous connaissez le nom de l'agence, poursuivit Mike Prott sans se démonter, nous n'apprécions déjà que fort moyennement de voir disparaître des agents, mais que l'on se serve ensuite de leur arme de service nous enchante encore moins. Surtout s'il s'agit d'assassiner des fonctionnaires d'un pays ami.

– Êtes-vous certain qu'il s'agisse de la même arme ?

– Seule une analyse balistique nous permettrait d'en être absolument sûrs mais s'agissant d'un Walther PPK associé à un Braush, vous comprendrez que la coïncidence est plus que douteuse, alors si vous rajoutez en plus les petites plaques de nacre…

– Et que faisait votre agent en vacances ?

– Nous essayons de remonter une filière qui livre en contrebande du matériel extrêmement important pour la Chine.

– Quel type de matériel ?

– Si nos informations sont justes, il s'agirait de pièces particulièrement sophistiquées servant à la miniaturisation des têtes nucléaires et des appareils utilisés pour le guidage des missiles. D'autres pièces proviendraient d'Europe et en particulier de France mais nous n'avons pas encore de pistes sérieuses dans cette direction. Nous avons averti les services compétents de votre pays mais nous ne sommes pas sûrs que ce problème ait réellement été pris au sérieux. Vos collègues sont persuadés qu'il s'agit encore de manœuvres de notre part pour éloigner des concurrents à l'exportation.

– Et tout ceci pourrait avoir un rapport avec le meurtre de Monsieur Fournier ? questionna Grodaeg.

– Je n'en sais strictement rien. C'est un peu pour cela que je vous ai demandé de passer me voir. La disparition de notre agent nous intrigue. Nos amis chinois, quand ils ont la chance d'en prendre un sur le fait, préfèrent s'offusquer publiquement et nous le monnayer très cher. Ils ne tireront rien d'un agent disparu. Il faut qu'il soit tombé sur une information réellement importante pour qu'ils recourent à des méthodes brutales. Je dois dire avec jalousie que nos services n'ont pas été aussi performants que les vôtres et que nous n'avons pas pu placer un de nos collaborateurs auprès des policiers chinois chargés de cette enquête. Je vous savais très fort, Monsieur Grodaeg, mais là je vous tire mon chapeau !

L'arrivée de ce pistolet dans votre affaire nous force à nous poser des questions et nous aidera peut-être à découvrir ce qui est arrivé à notre malheureux agent. Quelles étaient les fonctions exactes de Monsieur Fournier et quelle était sa mission réelle? J'ai joué cartes sur table avec vous, cher Grodaeg, pouvez-vous nous aider?

Grodaeg resta un moment sans voix. Cette enquête allait vraiment de rebondissements en rebondissements. Il avait l'impression d'être emporté par une tornade. La mort de Fournier, les soupçons autour de Denise Goulet, la mort de deux vice-maires, et pour finir la disparition d'un agent américain et de la contrebande de matériel secret-défense. Tout ça pour avoir voulu se rapprocher des beaux yeux d'Annie Coulomb! Cela commençait à faire beaucoup pour un seul homme. D'autant plus qu'encore aucun fil directeur ne semblait vouloir relier tous ces événements entre eux.

Mike Prott attendait sa réponse. Il n'allait tout de même pas le décevoir en lui expliquant qu'il ne comprenait rien à ce qui se passait ou que Fournier était vraisemblablement mort pour rien.

Il se décida pour lâcher ce qui lui semblait être la piste la plus crédible.

– Fournier travaillait pour la COFACE. Il était chargé d'enquêter sur des dossiers financés par crédit export qui laissaient apparaître certaines irrégularités. Notre enquête, pour le moment, ne semblait pas devoir s'orienter vers la fuite de secrets d'État ou la contrebande de matériel sensible. Nous étions plutôt focalisés sur une vaste affaire de corruption qui paraît avoir déstabilisé toute la municipalité de Pékin.

Mike Prott le coupa, sidéré :

– Vous voulez dire que votre Monsieur Fournier serait à l'origine de la chute des deux premiers vice-maires!?

Grodaeg prit un air modeste, en espérant que Quatsous ne lui avait pas refilé un tuyau trop foireux.

– Je ne sais pas si cela s'arrêtera à ces deux-là. J'ai bien peur que Li Qiyan ne saute aussi.

– Le maire ! Mike Prott avait, lui, littéralement sauté de son fauteuil.

– Ce n'est pas encore certain. J'en aurai la confirmation prochainement ; j'attends une réponse de Paris, lui répondit Grodaeg tranquillement. Il était content de son coup de bluff. Mike était maintenant certain qu'il jouait vraiment cartes sur table avec lui. Il pria encore une fois intérieurement pour que Quatsous ne se soit pas trop fourvoyé. De toute façon, l'information était crédible ; le projet visé était bien sous contrôle de la municipalité et les comptes en Suisse bien réels. Par qui auraient bien pu être ouverts les comptes, si ce n'était par des cadres de la Mairie ?

– En quel endroit de Chine a disparu votre agent ?

– Dans le Sichuan. À Chongqing, plus précisément.

Grodaeg connaissait bien Chongqing pour s'y être rendu à de nombreuses occasions. La ville avait beaucoup grossi durant la deuxième guerre mondiale, quand Tchang Kaï Chek l'avait élevée au rang de capitale en s'y réfugiant devant la poussée japonaise. Le choix de Chongqing était en grande partie imputable au brouillard qui baignait la ville presque la moitié de l'année et qui empêchait donc les bombardements de l'aviation japonaise, mais ni ce brouillard et ni sa réputation de four de la Chine en été ne parvenaient à ternir la beauté dramatique de cette cité majestueusement perchée au dessus du Yang-Tsé.

La voix de Mike Prott tira Grodaeg de ses rêveries :

– Son dernier message nous disait qu'il avait trouvé un moyen pour s'introduire dans un des entrepôts de la gare fluviale. Nous sommes depuis sans nouvelles de lui, malgré les discrètes démarches effectuées par notre consulat de Chengdu. Je ne vois toujours pas clairement le lien qui relie votre problème et le nôtre mais j'ai tenu à vous mettre au courant des données en notre possession ; en échange, si vous appreniez quelque chose susceptible de nous aider, je vous serais reconnaissant de nous en tenir informés.

Grodaeg l'assura de toute sa coopération et prit congé de Mike. Un marine le raccompagna jusqu'au portail.

Grodaeg héla un taxi et fila jusqu'au bureau de Huang. Il ne lui fallut que quelques feux rouges pour déceler la Mercedes noire qu'il traînait dans son sillage. Il sourit en pensant qu'on aurait pu l'affubler d'une Santana ou pire d'une des vieilles Shanghaï, copies conformes des antiques Beria soviétiques. Ses suiveurs ne faisaient pas dans la discrétion ; leur voiture collait à la sienne et n'avait pas de plaques d'immatriculation.

Son taxi le déposa à la petite porte ouest du parc. Les vitres teintées l'empêchèrent de voir la tête de ses anges gardiens mais il leur fit néanmoins un petit signe amical de la main avant de franchir le portail du parc.

Samedi 16 heures. Résidence de l'ambassade.

Mal ficelé dans un treillis trop large pour lui, un garde chinois de la police diplomatique attendait transi et avachi à la porte de la résidence l'heure de la relève. Grodaeg l'ignora superbement et franchit la grille avec autorité.

Annie ne cacha pas sa joie de le voir arriver. La résidence était démesurée pour une personne seule et plus que lugubre dans la journée. La présence des deux gendarmes détachés de l'ambassade pour la circonstance n'était pas faite pour égayer l'atmosphère. Elle lui donna la liste de noms que leur avait fait parvenir la Suisse ainsi que la copie des dossiers qu'elle avait remis la veille à Fournier.

Grodaeg y jeta un coup d'œil intéressé.

– Tu seras mieux dans ma chambre pour les lire, lui fit remarquer Annie. Voyant son regard ironique, elle s'empressa d'ajouter :

– Tu n'as pas fini de te prendre pour Don Juan ! C'est le seul endroit que je connaisse de cette horrible baraque, alors ne te méprends pas sur mes intentions !

Grodaeg lui rendit un sourire et la suivit sans rechigner. Sa chambre était au bout d'un long couloir. Sans luxe ostentatoire, elle n'en était pas moins agréable et confortable. Grodaeg s'allongea sur le lit et entreprit la lecture des documents que venait de lui remettre Annie. Il ne put retenir un sifflement d'étonnement ; la liste des détenteurs de compte correspondait à quelques noms près à l'organigramme de la municipalité, le Maire en tête. Si les autres personnalités impliquées devaient subir le même sort que les deux premiers vice-maires, la municipalité aurait tout intérêt à prévoir une morgue dans ses locaux. Il remercia mentalement le ciel et Quatsous pour leur bonté ; il aurait eu l'air fin d'apprendre que les numéros de comptes étaient ceux d'inconnus. Il pourrait repasser voir Mike Prott la tête haute.

Les autres dossiers étaient plus rébarbatifs et ne contenaient apparemment rien de bien extravagant. Le premier concernait une société mixte de production de lampadaires. Le suivant, des équipements hospitaliers et le troisième était justement le projet de centre commercial dont une partie du capital s'était envolée vers la Suisse. Avait-on réellement tué Fournier pour sauver la tête du Maire? C'était possible, tout était possible dans ce pays, même de déplacer les montagnes, mais si une relation existait entre ces deux hommes, Grodaeg ne la voyait pas encore.

Restaient les deux autres dossiers. Peut-être recelaient-ils aussi des secrets malgré leur apparence anodine?

– Je vais demander à Cochisi de jeter un coup d'œil sur ces dossiers. Peut-être y décèlera-t-il des détails qui nous ont échappés. Et toi, que fais-tu ce soir?

– Nous avons un banquet avec nos collègues du MOFTEC. Après, je rentrerai me coucher. Tous ces événements m'ont vannée. Une bonne nuit sans histoire me fera le plus grand bien. Et toi? tu viens dormir ici?

– Ma cote n'est déjà pas très haute auprès de son Excellence l'Ambassadeur, mais si je fais ça, je serais complètement grillé! s'écria-t-il avec une pointe d'ironie. Plus sérieusement, je suis invité à un banquet prétendument donné en mon honneur dans un musée à l'autre bout de la ville. Je te laisse te reposer pour ce soir. Quel est ton programme pour demain?

– Comme je te l'ai dit, on devrait signer dans la matinée; nos amis chinois du ministère des Finances vont nous organiser un tour à la Grande Muraille pour l'après-midi. Tu te joindras à nous?

– Je ne suis pas certain d'y être invité, on verra ça. En tout état de cause, je passerai te voir dans la soirée. À demain.

Annie le raccompagna jusqu'au perron, aussitôt encadrée par ses deux gorilles qui prenaient leur job très au sérieux. Grodaeg en fut rassuré.

Sitôt rendu à son hôtel, Grodaeg se hâta de faire un saut dans la partie de la tour réservée aux bureaux pour remettre un jeu des documents que venait de lui confier Annie Coulomb à Cochisi. Il lui recommanda de particulièrement s'intéresser au centre commercial qui paraissait être le dossier le plus brûlant et également d'y rechercher des possibles connections avec Denise Goulet.

Cochisi secoua la tête avec lassitude et résignation en parcourant les quelques dossiers que lui tendaient Grodaeg :

– C'est quand même le comble de l'absurde que je reçoive par ton intermédiaire des documents qui sortent de ce bureau et dont personne ne s'est soucié jusqu'à aujourd'hui. Laisse-moi le temps de me plonger dedans et je t'avertirai si je trouve des indices intéressants.

Grodaeg avait encore une bonne demi-heure devant lui. Il en profita pour regagner sa chambre et appeler ses collègues parisiens. Il vérifia que le message transmis par l'intermédiaire de Briquet était bien parvenu aux personnes concernées et que tout était prêt pour accueillir Denise Goulet à son arrivée à Paris.

Son coup de fil achevé, il s'étendit un instant sur son lit; quelques minutes de relaxation lui suffisaient pour reprendre des forces et décompresser. Il aimait ces petits moments de répit où il pouvait se retirer du monde en tentant de parvenir à un vide intérieur.

L'appel téléphonique de Lépine qui l'appelait de son portable le ramena brutalement à la réalité. Il approchait de l'hôtel qu'il atteindrait dans cinq ou six minutes. Grodaeg lui promit de l'attendre sur le perron et raccrocha.

Samedi 17 h 35.

Il n'attendit que quelques secondes à la porte de l'hôtel. Lépine était ponctuel dans ses estimations. Sa Mercedes 600 rutilante freina doucement juste devant lui. Au prix de l'argus et des taxes en vigueur, il y avait là pour à peine plus d'une vie de salaire d'un ouvrier local.

Lépine, comme à l'accoutumée, resplendissait de vitalité.

– Installez-vous bien à votre aise, Monsieur Grodaeg. À cette heure de la journée, il nous faudra une petite heure pour parvenir jusqu'au musée. Je vous sers quelque chose à boire ? lui demanda-t-il ouvrant une porte capitonnée encastrée dans le dossier des sièges avant.

– Je ne suis pas très apéro, s'excusa Grodaeg, par contre, si vous aviez un verre de vin, je l'accepterais volontiers.

Cette requête n'eut pas l'air de désarçonner Lépine qui, se penchant plus profondément dans le petit réfrigérateur, en sortit une bouteille de bourgogne blanc :

– C'est un Corton-Charlemagne. C'est mon blanc préféré. Les conditions de conservation ne sont peut-être pas idéales mais c'est un vin fabuleux ; j'espère qu'il vous plaira. Je connais le viticulteur qui le produit. Je le fais venir moi-même de France. Cela vous conviendra, j'espère ?

– Je m'en contenterai, le rassura Grodaeg.

Lépine avait soulevé l'accoudoir de son siège pour en extraire un tire-bouchon et s'employait à déboucher sa bouteille avec dextérité.

– Goûtez-moi ça. Vous m'en direz des nouvelles. Je suis Bourguignon et je n'ai jamais reçu le quignon. Le saviez-vous ? Ma trogne n'a pas encore le rouge vineux de nos paysans de là-bas, mais je suis quand même fier d'en être un.

Un peu de musique de fond ne vous gêne pas? Quel type de musique préférez-vous? Classique? Jazz? Variétés? J'ai deux chargeurs automatiques de vingt disques chacun, dans le coffre. Si vous ne me demandez pas de musique locale, je pense pouvoir vous faire entendre quelque chose correspondant à vos goûts.

– Vous n'aimez pas la musique locale? lui demanda Grodaeg.

– Parce que j'aime la musique, tout simplement, lui répondit Lépine qui semblait adorer les paradoxes.

– La musique chinoise pour vous n'est donc pas de la musique!?

– Pas plus que leur opéra n'est de l'opéra, ni leur cuisine de la cuisine! Il n'y a que les touristes débiles ou les sinologues serviles pour s'extasier devant ces œuvres criardes ou inécoutables ou des plats d'holothuries visqueuses. Comparer Verdi avec n'importe lequel de leur opéra équivaut à comparer leur maotai puant à ce Corton-Charlemagne! Et leur canard laqué! Vous n'allez pas me classer cela dans la rubrique gastronomique! C'est gras, c'est lourd, c'est indigeste. C'est de l'étouffe chrétien.

– Mais pourquoi restez-vous dans ce pays, si c'est vraiment aussi difficile d'y vivre? lui demanda perfidement Grodaeg

– Mais parce que j'y bois du Corton-Charlemagne, parce que j'y roule en Mercedes et que j'y écoute de la vraie musique. Il faudra d'ailleurs que vous passiez à la maison; je viens de recevoir ma dernière chaîne hi-fi. Le son est fantastique. Le tout ne m'a coûté que 400 000 francs à Hongkong. La même chose en France coûte plus du double!

– Pour ce prix là, elle ne fait que de la musique? lui demanda Grodaeg

– Oui, mais de la belle. J'ai pris un transporteur Mark Levison L63. pas le L53, c'est pour les Béotiens. Le convertisseur est un Wadja NC89.

– Vous pourriez pas éclairer ma lanterne, j'en suis resté à la chaîne compacte. C'est quoi exactement un transporteur et un convertisseur ?

– Pour simplifier, les deux mis bout à bout font un lecteur de disque compact. Les signaux qui en sortent doivent être tout d'abord pré-amplifiés ; mon pré-ampli est un Cello Encore qui crache sur deux amplis Jeff Rolland model 8 et pour finir une paire de Proac IV et un caisson REL. Que je suis bête ! J'allais oublier les câbles. Les câbles, c'est une des parties la plus importante de la chaîne et la plus chère. Soit vous restez classique et alors c'est comme le sexe, plus c'est gros mieux c'est. Où alors vous faites comme moi, vous choisissez des Kimbers en Silver-Rhodium. C'est tout fin mais c'est le top du top. Remarquez qu'à 5900 francs le mètre c'est le moins qu'on puisse leur demander. Ça vient directement de chez les mormons, le fabricant est à Salt Lake City. L'avantage c'est que pour ce prix-là, en plus, ils vous baptisent gratis. Que demande le peuple ?

– Avec les taxes en vigueur ici, cela n'a pas dû vous revenir moins cher...

– Les taxes ? Vous voulez rire ? Comment je m'appelle ? Les douanes ici, c'est pas une administration, c'est un gruyère ! Avec quelques amis bien placés, vous faites entrer ce que vous voulez, quand vous voulez ! Si vous avez besoin d'un coup de main un jour, n'hésitez pas à m'en parler. En attendant, quel genre de musique vous ferait plaisir ?

– Pourquoi pas un peu de piano, Chopin, par exemple.

Lépine tapota sur un clavier :

– J'ai justement les Nocturnes, par Claudio Arrau

chez Phillips. C'est la meilleure interprétation.

– Vous vous rappelez ainsi de tous vos disques? s'étonna Grodaeg.

Lépine lui sourit avec un rien de condescendance :

– Là, ce n'est rien, je n'en ai que quarante. J'en ai 5000 chez moi et je crois pouvoir vous les citer tous avec leurs exécutants sans me tromper.

– Et la marque du fabricant?

– Elle vous revient tout de suite, dès que vous visualisez une pochette. Et puis, ce n'est pas très difficile pour pas mal d'artistes; la plupart sont fidèles à leur maison d'édition...

Lépine avait toujours réponse à tout. Il maniait la rhétorique comme les cow-boys la Winchester. Le paradoxe est la passion de la pensée; un penseur sans paradoxe est comme un amant sans passion disait Kierkegaard. Lépine devait être un amant passionné.

La voiture s'engagea dans une grande avenue sombre qui menait au musée. Deux sentinelles à l'air martial et peu engageant montaient la garde en permanence devant l'entrée sans que l'on ne sache avec certitude si c'était pour prévenir les vols ou pour réfréner l'ardeur des candidats à la culture.

Les gardes saluèrent la Mercedes avec respect tandis qu'un factotum l'aidait à se garer à la suite des six autres sœurs jumelles de la sienne, déjà arrivées. Grodaeg n'en croyait pas ses yeux; le représentant de Mercedes en Chine devait être un membre du Comité Central.

Le musée était un bâtiment neuf spécialement construit pour cet usage. On y accédait par un imposant escalier de granit. Le peintre Xie, appuyé sur sa canne, était venu les accueillir sur le perron. Il salua Grodaeg et embrassa chaleureusement Lépine; le million de dollars généreusement consenti donnait encore droit à des manifestations d'amitié que seuls des esprits jaloux et mesquins pourraient qualifier de feintes.

Il devait avoir dans les soixante-dix ans et marchait difficilement suite aux mauvais traitements qu'il avait subis durant la Révolution culturelle ; après avoir été passé à tabac, il avait eu droit à une rééducation chez les Ouighours du Turkestan chinois. Il avait ramené de ce séjour forcé un ensemble de peintures des gens et des paysages désertiques mais aussi ses plus belles peintures d'ânes qu'il s'était mis à peindre en protestation contre son exil. Ji Baishi était célèbre pour ses poussins, Xu Peihong pour ses chevaux et lui avait acquis sa renommé grâce à ses bourricots qu'il vendait maintenant à prix d'or.

Ils arrivèrent dans une grande salle à l'arrière du musée. Une grande table y avait été dressée. Plusieurs personnes y avaient déjà pris place, toutes aussi âgées que le peintre. La Grande Révolution Prolétarienne n'avait pas fait disparaître le goût des Chinois pour le gérontisme. Chou, toujours guindé dans sa vareuse Mao, faisait exception au milieu de tous ces vieillards et avait l'air d'un gamin perdu dans la cour des grands.

Ils essayèrent de se lever lorsque Grodaeg pénétra dans la salle, quelques-uns y parvenant presque, et tout le monde prit aussitôt sa place autour de la table qui réunissait une vingtaine de convives.

Les présentations furent rapidement expédiées pour une fois, sans échange de cartes. Grodaeg s'était préparé à rencontrer du beau monde mais ses suppositions s'avéraient complètement dépassées ; il avait là autour de lui plusieurs membres du Comité central, deux anciens vice-ministres des affaires étrangères, un vice-gouverneur de la Banque centrale, le Directeur des douanes et plusieurs présidents de Commissions d'État à la retraite.

L'atmosphère plutôt froide fut rapidement réchauffée par le peintre qui lança coup sur coup deux gan bei au Maotai.

– Buvons à la santé des relations amicales qui ont été depuis toujours tissées entre nos deux pays.

Cousin-Montauban et l'amiral Courbet devaient se gondoler dans leurs tombes.

Grodaeg avala son verre. S'il continuait à ce rythme là, il ne serait pas bien sûr de pouvoir reconnaître la bonne Mercedes pour rentrer à son hôtel.

Chou, assis non loin de lui, y alla également de son sourire de vipère lubrique pour ajouter :

– Je tenais à vous remercier pour votre inestimable contribution à notre enquête, Monsieur Guerodegou. Nous avons arrêté tous les coupables. Le complice était, comme nous le supposions, le garçon d'étage. Il a immédiatement avoué son forfait. Il passera la semaine prochaine devant un tribunal populaire et expiera ses crimes. Nous avons retrouvé à son domicile les trois mille dollars qu'il avait dérobés à sa victime. Nous les restituerons dès demain matin à votre ambassade. C'est une histoire vraiment sordide et j'espère que vous accepterez nos regrets sincères pour cette déplorable et embarrassante affaire.

– Pensez-vous que le criminel aurait pu jouir de complicité au sein de la communauté française ? Nous avons découvert quelques indices qui le laisseraient supposer et que nous nous employons à vérifier.

Zhou encaissa très mal sa remarque et réagit vivement :

– Les réformes entreprises par la Chine ont hélas engendré des épiphénomènes pervers. Restez prudent, Monsieur Guelodegou, nous avons pu jusqu'ici assurer votre sécurité et nous serions tous extrêmement contrits s'il devait vous arriver malheur.

La menace était on ne peut plus claire. L'atmosphère s'était soudain chargée de tension.

Grodaeg lui rendit son plus beau sourire.

– Vos lunettes ne seraient-elles pas légèrement de travers ? lui demanda-t-il gentiment.

Lépine décrispa l'ambiance en se levant pour porter un toast :

– Je souhaite longue vie à tous nos amis ici présents. À l'amitié franco-chinoise !

On en était au quatrième verre de Maotai et le repas commençait à peine. Le peintre continua poliment à leur faire la conversation pendant le premier plat mais dès le deuxième, il se désintéressa d'eux pour ne plus s'occuper que de ses précieux invités.

Assis à côté de Grodaeg, Lépine commentait entre deux ganbei les participants au banquet ; il semblait connaître parfaitement tous les convives. Parfois, se rendant compte qu'il était l'objet de leur discussion, l'un d'eux levait son verre pour un nouveau cul-sec.

Le camp chinois avait manifestement fait abstraction de leur présence ; leur conversation tournait autour des problèmes du moment et en particulier des candidats possibles aux postes qui semblaient vouloir se dégager au sein de la municipalité de Pékin. Les remarques allaient bon train et les plaisanteries fusaient sur les possibles prétendants, déclenchant parfois l'hilarité générale. On était bien loin des dépêches aseptisées de l'agence Chine-Nouvelle.

Tandis que tous ces vieillards refaçonnaient la Chine, les plats n'en continuaient pas moins à défiler ; la ligne politique correcte du moment ne passait pas par l'abstinence. Parfois, des raclements de gorges prononcés venaient approuver la qualité d'un plat. Lépine profita d'un instant de calme relatif pour leur faire écho et expulsa un rot sonore digne des mille et une nuits.

Grodaeg seul parut s'en formaliser; le reste de l'assemblée continua ses agapes sans broncher.

– Je prends toujours un peu de bière; ça aide à faire des rots puissants. Je le fais uniquement par politesse, lui souffla Lépine à l'oreille avec un grand sourire.

Grodaeg, encore estomaqué, se retint de lui répondre.

Le dernier cuisinier de Mao vint faire un tour de piste entre la soupe et le dessert, et au seizième et dernier plat et un nombre bien supérieur de ganbei, tout le monde se leva plus ou moins facilement pour se séparer et se dirigea vers la sortie du musée.

Zhou s'était subrepticement rapproché de Grodaeg pour lui glisser à l'oreille un vieux proverbe chinois en quatre caractères qui, si Grodaeg ne se trompait pas, signifiait approximativement que le mieux était l'ennemi du bien. Les Chinois raffolent de ce type de proverbes tirés d'histoires anciennes et de la langue des lettrés. Sauf à les connaître par cœur, il était presque impossible de les comprendre mais il y en avait pour tous les goûts et pour toutes les circonstances.

Les vapeurs d'alcool aidant, Grodaeg n'était pas tout à fait certain d'avoir très bien compris le dernier message de Zhou mais ne voulant pas être en reste il lui répondit la première chose qui lui passa par la tête :

– On dit chez nous que le Dragon se méfie de la mouche qui dort! J'ai bien saisi votre message et je vais m'appliquer à suivre vos conseils. Bonne soirée Monsieur Chou.

Les embrassades achevées, Grodaeg se retrouva affalé dans la Mercedes de Lépine. Sa chemise puait le graillon et le Maotai. Il soupira en pensant que la soirée était loin d'être terminée et qu'il lui restait encore à affronter Peng. D'un autre côté, il était curieux de savoir ce que ce dernier allait lui raconter.

Lépine lui envoya un coup de coude dans les côtes pour le sortir de ses méditations :

– Je ne veux surtout pas m'immiscer dans ce qui ne me regarde pas, mais le peintre avant de partir m'a recommandé de vous dire qu'il fallait prendre les recommandations de ce Monsieur Chou, que je voyais pour la première fois, très au sérieux. Il est vrai qu'il n'a pas l'air de plaisanter souvent ce Monsieur-là.

Lépine se sentait d'humeur à poursuivre la soirée ; le Maotai ne semblait pas lui avoir coupé les jambes. L'alcool n'avait pas hélas le même effet sur Grodaeg. Ce dernier serait bien monté directement dans sa chambre pour un repos bien mérité. Cependant Peng et Huang l'attendaient à l'hôtel et il ne lui était guère possible de se défiler.

Samedi 21 heures.

Peng et Huang l'attendaient patiemment, attablés devant un verre dans le hall de l'hôtel. Peng le prévint :

– J'ai trouvé un petit endroit sympathique pas très loin d'ici. J'espère que vous l'apprécierez. Bien entendu, les nuits pékinoises ne peuvent pas encore rivaliser avec celles de Paris. Mais je me suis laissé dire que cet endroit était très agréable.

Après son dîner chez le peintre, Grodaeg se sentait vacciné.

Il profita du trajet pour informer Peng des diverses péripéties qui avaient marqué sa journée. Il omit volontairement de mentionner le témoin oculaire du drame, se contentant d'affirmer qu'un des voisins de chambre avait distinctement entendu une voix de femme au moment du drame. Il s'appesantit longuement sur le dossier de la joint-venture immobilière et sur les comptes en Suisse d'une partie des membres de la municipalité, sachant que Peng devait déjà être au courant de tous les détails.

Il ne s'attarda pas non plus très longtemps sur sa visite à Mike Prott mais il rendit compte fidèlement de son dîner chez le peintre, sans omettre les menaces de Chou.

Peng resta un long moment silencieux en se passant les mains sur le visage puis se décida finalement à parler :

– Nous approchons de notre but. Commençons par nous relaxer; nous en avons tous besoin. Nous reprendrons cette intéressante conversation tout à l'heure, si vous le voulez bien, quand nous serons plus détendus.

Peng ne semblait pas pressé de lui répondre.

Ils entrèrent dans ce qui ressemblait fort à un hall de restaurant. Grodaeg s'empressa d'informer Peng qu'il avait déjà bien dîné. Peng le rassura en lui expliquant que le restaurant possédait un bar-karaoke au deuxième étage et des salles de massage au troisième.

Le complexe appartient à l'une des petites filles de Chen Baolu qui fut l'un des plus grands dirigeants du Parti pendant de longues années, ajouta Peng avec respect. Il s'engagea ensuite dans une conversation avec celle qui semblait être la patronne des lieux.

Huang s'approcha de Grodaeg et lui susurra à l'oreille :

– Il oublie aussi de te dire que le père de cette charmante jeune fille est gouverneur d'une province et que la mère travaille à la Sécurité publique.

Beaucoup d'enfants des hauts dirigeants, les petits princes, profitaient ainsi de la position de leurs parents.

Peng revint vers eux avec un sourire radieux et les invita à le suivre vers un petit ascenseur situé au fond d'un couloir. Trois charmantes jeunes filles les attendaient au troisième étage. Peng fit les présentations, confiant d'autorité une jeune fille à chacun d'eux.

– Voici Mademoiselle Mei Hua, Jolie Fleur dit-il en la poussant dans les bras de Grodaeg, et Mademoiselle Zhu Dong qu'il abandonna entre les mains de Huang.

Ils entrèrent dans une grande pièce, semblable à un dortoir de nonnes, divisée en deux par un couloir central et quadrillée d'épais rideaux qui entouraient chaque lit. Chaque compartiment se composait d'un banc pour déposer les vêtements et d'une couchette recouverte d'un drap. Sous l'oreiller, la couchette était percée d'un petit trou de la taille du visage, afin de ne pas étouffer en position ventrale. Le rideau central de deux ou trois compartiments avaient déjà été tiré. Seuls quelques petits chuchotements feutrés se perdaient dans la musique d'ambiance.

Peng leur donna rendez-vous à l'étage au-dessous à la fin de la séance et chacun entra dans son réduit.

Jolie Fleur tendit à Grodaeg un petit short de coton et un léger yukata, et ferma les lourds rideaux de coton.

Il se déshabilla et enfila ces vêtements tandis que la jeune fille détournait pudiquement les yeux.

– Voilà une jeune fille bien élevée, se dit-il en s'allongeant sur la couchette.

Elle était jeune. Elle portait une petite blouse de toile boutonnée sur le devant qui lui couvrait à peine le haut des cuisses. Le teint de son visage trahissait une arrivée récente en ville. Ses gestes à la fois gauches et décidés avaient également quelque chose de provincial. Ses cheveux remontés en chignon lui dégageaient la nuque. Un sourire malicieux lui éclairait le visage.

Grodaeg tenta de deviner sa province d'origine. Il essaya de la faire parler pour déceler un éventuel accent. Il lui demanda donc son signe astrologique. Il suffit de connaître l'ordre des signes pour deviner sans trop d'erreur l'âge de l'interlocuteur à douze ans près. Cela supposait, bien évidemment, un petit calcul mental ; avec une dame bien conservée, une erreur pouvait s'avérer fatale mais, dans la majorité des cas et avec un peu de discernement et de tact on ne pouvait manquer de tomber juste ou, au pire, de se montrer très flatteur.

– Je suis du Tigre, répondit-elle, curieuse de lire sur le visage de Grodaeg si ce dernier pouvait ou non en déduire son âge.

– Vous avez 23 ans, lui dit Grodaeg qui comprit aussitôt au sourire de la jeune fille qu'il avait répondu juste. Elle lui dit qu'elle arrivait du Sichuan. Son village natal était condamné par le futur barrage des trois gorges et sa famille avait été déportée, en compensation, dans une province reculée. Certaines familles de son village avaient protesté, elles avaient quand même dû s'exiler. La seule légère différence étaient que ces familles avaient maintenant le privilège de résider dans un goulag plutôt que dans une ferme comme les parents de Jolie Fleur. Le régime était toujours bienveillant avec ses contestataires. La vie était difficile pour ces nouveaux immigrants et Mei Hua avait préféré partir tenter sa chance à la capitale où elle avait débarqué quelques mois auparavant.

Mais ils n'étaient pas là pour papoter. Mei Hua lui fit signe de se retourner sur le ventre et commença son travail en s'attaquant à ses membres inférieurs. Elle se concentra tout d'abord sur ses pieds et ses orteils, en massant profondément la plante et en étirant les orteils un à un jusqu'à les faire craquer. Elle remonta ensuite le long des jambes s'appliquant à masser tous les muscles dans le sens des fibres. Elle faisait montre de souplesse dans ses gestes tout en conservant une grande fermeté. Ses mains étaient chaudes et relaxantes. Petit à petit, la fatigue et l'alcool du dîner aidant, Grodaeg s'enfonça dans une douce léthargie. Il avait l'impression que son corps s'était subitement ramolli et que toute l'énergie qui le maintenait en place avait disparu. Il avait perdu la notion du réel et ses sens naviguaient dans un semi-coma langoureux fait de musique et de caresses. Le temps s'écoulait au ralenti comme de la mélasse dans une clepsydre.

Ce fut une impression d'intense plaisir qui le ramena à la vie. Des lèvres couraient presque imperceptiblement sur la peau de son dos nu accompagnées de légers coups de langue.

Quand avait-il bien pu enlever son short et son yukata ?

Il n'en avait aucune souvenance. Tout son corps s'était tendu sous l'effet des caresses et le chatouillis s'était progressivement changé en une énorme vague dont il n'arrivait pas à discerner si elle était de souffrance ou de plaisir tellement ses muscles s'étaient durcis sous l'effet des picotements.

Le supplice prit fin et Mei Hua l'invita à se retourner sur le dos pour la suite du massage. Il se sentit envahi de honte. La petite séance de bises l'avait laissé dans un état que le mince coton du short n'aurait de toute façon pas réussi à masquer.

Mei Hua lui souriait gentiment, renforçant son embarras. Il chercha désespérément un petit mot gentil mais Jolie Fleur s'était déjà lancée dans une opération destinée à parachever son œuvre et qui l'empêchait de converser autrement que par borborygmes et gargouillements.

Il était parvenu à un tel état d'excitation que cette dernière phase du massage ne dura que quelques secondes. Tout son corps se cabra et il eut l'impression d'exploser dans une oraison fervente et... jaculatoire. Il resta un long moment sans vie, sans bouger, les yeux fermés, arqué sur la nuque et les talons. Il sentit la chaleur d'une serviette chaude et humide aller et venir sur la peau de son ventre. Il rouvrit les yeux; Mei Hua lui tendait une autre serviette chaude à se passer sur le visage. Il avait reprit son souffle mais se sentait encore sans force.

Il se rhabilla lentement tandis que Mei Hua remettait le petit compartiment en ordre. Elle avait repris son visage angélique et se conduisait comme si rien ne s'était passé. On lui aurait donné le Bon Dieu sans confession.

Elle le reconduisit jusqu'à l'ascenseur et le salua d'une petite courbette.

Peng et Huang, cela devenait une habitude, étaient déjà attablés dans un coin du salon. Ils le regardèrent venir avec des faces hilares comme des collégiens contents de leur dernière virée.

Peng lui demanda si tout s'était bien passé, sans faire la moindre allusion grivoise mais en conservant un sourire narquois. Grodaeg le rassura et ajouta un petit compliment pour le charme et la gentillesse de Jolie Fleur.

Le barman lui apporta un double whisky on-the-rocks avant qu'il ait eu le temps de passer sa commande.

Peng et Huang avaient même pensé à lui préparer un petit remontant. Il préféra néanmoins se commander un thé, en poussant délicatement son verre près de celui de Huang ; il ne se sentait pas le courage, après toutes ces émotions, d'ingurgiter du whisky.

– Zhou m'a informé que le meurtrier présumé avait été appréhendé, attaqua directement Grodaeg, sentant que s'il tardait trop, la fatigue aurait raison de lui.

Peng prit un petit air gêné :

– À vrai dire, je ne suis pas très au courant de cette arrestation ; elle n'a pas été organisée par nos services. Elle a été directement supervisée par la Sécurité d'État. Nous n'intervenons que dans la partie de l'enquête dont nous sommes chargés. Vous comprenez ?

Grodaeg hocha la tête. Il comprenait fort bien que la guerre des polices n'était pas une exclusivité française et que la communication entre les deux services devait se faire par courrier porté par des chars à bœufs.

– Vous comprendrez donc également pourquoi Monsieur Zhou vous a demandé de cesser vos investigations. Il doit penser qu'à ce stade de l'enquête, il pourra se passer de vos services.

– J'ai parfaitement saisi, monsieur Peng, le rassura Grodaeg, néanmoins, les quelques indices que j'ai pu récolter au cours de cette journée me permettent de penser que certaines personnes de l'entourage de Monsieur Fournier ont été mêlées à cette affaire ; en particulier, je suis arrivé à la conclusion que, pour des raisons que j'ignore encore, Madame Goulet, une industrielle française, qui vient de rentrer précipitamment en France, a été impliquée dans ce meurtre. Je me suis permis de demander aux services compétents de la questionner dès son arrivée en France. Si complice il y a, il existe alors de fortes chances pour que ce soit elle. Le garçon d'étage serait alors innocent. Il serait malheureux qu'un innocent puisse payer pour un crime qu'il n'aurait pas commis.

Peng lui adressa un sourire las :

– Comme je vous l'ai déjà dit, Monsieur Grodaeg, ce garçon d'étage est un délinquant, de tendances droitières de surcroît. Si les preuves accumulées contre lui sont irréfutables il devra payer pour son crime. Monsieur Zhou vous a demandé de bien vouloir cesser toutes vos investigations en Chine. Je pense qu'il vous faut obtempérer ; en revanche, rien ne vous empêche de continuer à rechercher d'éventuelles complicités en France. Néanmoins, les conclusions auxquelles nos services sont parvenues sont définitives : une agression délibérée ayant le vol pour motif.

– Mais, s'entêta Grodaeg, il n'y a aucune charge réellement concluante contre votre meurtrier présumé : les voisins de chambre de Monsieur Fournier parlent d'une femme et Monsieur Zhou a indiqué que le garçon d'étage avait été arrêté en possession de trois mille dollars mais Monsieur Fournier ne s'est pas fait voler d'argent, nous en avons maintenant la certitude.

Peng parlait maintenant d'une voix presque inaudible

– Ne vous faites pas plus têtu que de raison. Une affaire de meurtre comme celle-là est toujours compliquée, mais acceptez le scénario de la pièce... le dernier acte est encore à écrire... Vous pouvez encore beaucoup m'aider en continuant votre enquête du côté français, nous pourrons peut-être écrire un final qui conviendra à tous les acteurs.

Grodaeg n'insista pas. Le message était clair. Peng avait autant les mains libres que lui.

Ses seuls espoirs de pouvoir l'aider résidaient dans des aveux de Denise Goulet ou dans un témoignage de la visiteuse du soir qui se trouvait avec Fournier au moment de sa mort.

– Merci pour vos éclaircissements, lui répondit Grodaeg, permettez-moi seulement de vous rappeler si j'obtenais des nouvelles de France.

Peng lui prit affectueusement la main et enchaîna à voix haute :

– Tout à fait, Monsieur Grodaeg, tout à fait. Je ne crois absolument pas à une éventuelle complicité française dans cette affaire. Vous allez me promettre une chose : n'entreprenez plus aucune action en Chine et ne prenez plus aucune initiative avant de m'en avoir parlé. Vous êtes un ami, Monsieur Grodaeg. Il y va désormais de votre sécurité.

Peng était devenu subitement extrêmement sérieux et presque larmoyant. Ses yeux s'étaient fixés sur les prunelles de Grodaeg, semblant l'implorer de ne pas faire de bêtises.

– C'est promis, Monsieur Peng

Il commençait à se faire tard et il n'avait pas beaucoup dormi ces dernières heures. La fatigue l'assomma d'un coup.

Peng le vit lutter pour garder les yeux ouverts et appela aussitôt le barman pour régler l'addition. Pour rester dans la politesse chinoise, Grodaeg fit mine de sortir son portefeuille. Peng le stoppa net en affichant un air outré.

Une voiture attendait Peng à la sortie de l'établissement. Ils se séparèrent donc. Les feux arrières de la voiture de Peng furent absorbés par une chape de brumes.

Sitôt dans la voiture, Huang interrogea Grodaeg :

– On va quand même au rendez-vous demain matin ?

– On n'a pas le choix. Si on la loupe, on ne remettra plus la main sur elle avant longtemps. C'est le seul témoin oculaire de ce meurtre. Nous pourrons peut-être la convaincre de déposer à la police. Si elle craint pour sa réputation, tu pourras inventer une histoire prouvant que Fournier l'avait fait monter dans sa chambre en tout bien tout honneur, pour lui remettre un cadeau et qu'il n'a jamais été question entre eux de quelconque échange physique. Je ne sais pas moi, quelque chose qui évite de la discréditer aux yeux de la police et de son entourage. Je vais y réfléchir, on verra ça demain sur place. Ce soir, je suis bien trop crevé. Tu passes me prendre à six heures demain à l'hôtel ? Il vaut mieux que nous soyons un peu en avance et à cette heure là, on verra mieux si nous sommes suivis ; je n'ai pas revu ma Mercedes depuis que je suis avec Lépine et Peng mais je ne serais pas surpris de la retrouver demain.

Sitôt rentré à l'hôtel, Grodaeg demanda qu'on le réveille à 5h30 et fila dans sa chambre ; ce programme ne lui laissait que quelques heures de sommeil.

Deux messages l'attendaient dans sa chambre : l'ambassadeur lui demandait de bien vouloir passer le voir le lendemain à 9 heures et de cesser immédiatement toute activité dans le cadre de cette enquête ; le deuxième message était plus succinct : Paris avait appelé.

Grodaeg, lui, n'avait qu'une envie. Son regard oscilla entre le lit et le téléphone. Il songea à Milou hésitant entre un os et le sceptre d'Ottokar et décrocha courageusement le combiné du téléphone.

Il le raccrocha quelques minutes plus tard, complètement abasourdi ; décidément, il était écrit que ce voyage irait de surprise en surprise. Il s'était fait répéter trois fois la nouvelle par son interlocuteur refusant de la croire.

Denise Goulet avait été victime d'un arrêt cardiaque au cours du vol. Une réanimation avait été tentée par un médecin qui se trouvait à bord mais sans succès. L'avion ne s'était pas détourné de sa route. Le décès n'avait pu qu'être confirmé à l'arrivée. La mort ne paraissait pas suspecte mais une autopsie avait néanmoins été demandée.

Cela commençait à faire beaucoup de coïncidences. Denise Goulet pouvait très bien s'être brusquement décidée à rentrer pour des raisons de santé qui expliqueraient alors cet accident cardiaque. Cela ne retirait rien au fait qu'elle était en tête de liste des suspects si l'on s'en tenait à la piste d'une meurtrière. Cette mort inopinée venait s'ajouter au mystère.

Grodaeg n'eut pas le loisir de pousser plus en profondeur ses réflexions ; ses paupières le trahirent. Il s'enfonça dans un sommeil de plomb, sans même s'être déshabillé et encore moins lavé les dents.

Dimanche 27 octobre 1996, 0 h 15.
Direction de la Sécurité publique

La grande salle bourdonnait toujours d'un va-et-vient incessant. Le local n'était plus qu'un immense cendrier. L'air y était devenu irrespirable au point d'irriter les gorges à chaque aspiration. Le brouillard qui s'abattait sur la ville collait aux vitres une buée épaisse et gluante.

Peng consultait les rapports de la journée en attendant son dernier rendez-vous. La grande carte murale s'était encore modernisée... Des petites lumières s'allumaient par pression de quelques boutons, indiquant plus distinctement les positions recherchées... Était-ce d'avoir passé la soirée avec ses amis français? Toujours est-il que le souvenir de tableaux indicateurs du métro parisien lui revint en mémoire. Il ne manquait jamais d'appuyer sur une touche d'un de ces plans surannés qui traçaient d'une ligne lumineuse le chemin à suivre... Ah! Paris!

Un silence hostile était tombé sur la pièce. La silhouette massive de Lao Wang venait d'apparaître dans le cadre de la porte. Peng lâcha ses documents pour aller à sa rencontre. Il lui saisit amicalement le bras et se dirigea vers son bureau, situé à quelques portes de là. Le brouhaha reprit de plus belle dès qu'ils eurent passé la porte.

Peng lui désigna un des sofas et lui proposa une tasse de thé. Lao Wang refusa poliment les deux. Il détestait ces fauteuils trop mous dans lesquels le corps s'avachissait. C'était un soldat, il préférait faire ses rapports debout face à son interlocuteur.

Peng hésitait encore sur la manière d'engager la conversation. Le dossier qu'on lui avait fait parvenir décrivait Wang comme un bon officier, l'un des meilleurs même au sein des services action. Ses notes avaient toujours été excellentes et sa droiture jamais mise en doute. Peng connaissait néanmoins trop bien Zhou pour ne pas se méfier. Il était tordu comme une racine de gingembre et la visite de Wang pouvait très bien n'être qu'une intox de plus dirigée vers ses services.

Peng se décida finalement pour attaquer directement de front, cela semblait correspondre à la mentalité de son interlocuteur.

– Vous êtes un homme de Chou. Pourquoi voulez-vous le trahir ?

Il comprit qu'il avait touché une corde sensible. Wang s'était raidi en entendant le mot trahir.

– Qui parle de trahison ? Je ne suis pas un homme de Chou. J'ai été désigné pour participer à une mission en vue de préparer un retour par la force de Taïwan au continent.

Peng était encore sur ses gardes. Il continua à le titiller durant quelques minutes. Wang était devenu blanc de rage et semblait prêt à en venir aux mains. Il savait cette démarche difficile mais que son intégrité puisse être ainsi mise en question le révoltait.

Si Wang jouait la comédie, c'était un bon acteur.

– Vous m'avez dit que vous étiez présent lors de l'élimination de Monsieur Fournier ?

Wang lui raconta sa version des faits : la décision de tuer Fournier, l'opération, Madame Goulet, l'arrivée inopinée de Tang, l'ordre de Zhou de le faire disparaître.

Peng resta un long moment sans réagir. Zhou n'était vraiment qu'un œuf pourri. Il aurait aimé l'avoir entre les mains pour lui faire payer ses crimes. L'histoire semblait crédible. Le refus de Wang d'être associé au meurtre de Tang cadrait avec le personnage.

– Ce n'est pas tout, lui dit Wang, Zhou prépare une opération pour demain matin. Il a fait suivre un certain Huang, l'adjoint de Monsieur Grodaeg, celui-ci l'a conduit à une jeune fille qui s'adonne à la prostitution dans les

grands hôtels. Zhou l'a fait arrêter et l'a interrogée dans ses locaux, la fille a tout de suite déballé tout ce qu'elle savait, une de ses amies était avec Fournier au moment de l'opération, elle s'était réfugiée dans la salle de bain.

La fille se cache et Zhou n'a pas pu mettre la main dessus, il a appris que Monsieur Grodaeg doit la rencontrer demain à 7 heures à la gare centrale. Il veut faire d'une pierre deux coups. Zhou a préparé un plan pour les descendre tous.

Peng ne put contenir un sursaut de surprise. Ainsi Zhou s'apprêtait à se débarrasser de Grodaeg.

Et pourquoi ce dernier ne lui avait-il rien dit de ce rendez-vous. Croyait-il vraiment pouvoir faire cavalier seul à dix mille kilomètres de chez lui !

Peng se fit expliquer en détail les préparatifs de l'opération.

Zhou était réellement un malade, il avait convaincu un criminel de tirer sur la foule en se faisant passer pour un dément, en échange de la vie sauve pour sa famille, sa femme, son gosse et ses parents. Il tenait le pauvre type pour une sordide affaire de corruption. Zhou ne prendrait de toute façon aucun risque, il mettrait Chen, son fidèle second, en couverture pour effectuer le travail si le tueur désigné renonçait à sa tâche. Dans tous les cas, Chen avait ordre de ne laisser personne en vie à la fin de l'opération.

Peng ne perdit pas de temps en conjectures, il donna rapidement des ordres et prépara ses équipes.

Le mieux semblait de retarder au maximum l'arrivée de Grodaeg à la gare centrale, le temps pour lui de repérer la fille et de la soustraire à Chou.

Dimanche 27 octobre 1996. 6 h 45. Hôtel Jingguang.

Grodaeg dormait toujours profondément quand Huang, tambourinant et sonnant à sa porte le réveilla en sursaut. Il se traîna pour lui ouvrir :

– Qu'est-ce t'as encore. Il est quelle heure ?

– Magne-toi le popotin ! Il est 6 h 45 ! On a tout juste le temps d'être à la gare à 7 heures si on fait fissa !

Bien qu'encore à moitié dans les vapes, Grodaeg, par chance toujours habillé de la veille, se rua sur son imper et suivit Huang en courant dans l'ascenseur :

– Pourquoi ne m'as-tu pas appelé plus tôt ?

– Parce que ton téléphone a dû être mal raccroché, pas moyen de t'avoir ! Quant à moi, je me suis fait piquer la voiture cette nuit ! Et impossible de trouver un taxi ; j'ai dû me rabattre sur Briquet qui habite dans mon groupe d'immeubles et lui emprunter sa bagnole ! Tout ça plus ton téléphone. Ça frôle le sabotage ; tu ne trouves pas ?

Grodaeg qui reprenait peu à peu ses esprits ressentait également un terrible pressentiment. Il pria pour qu'ils arrivent à temps à la gare.

Huang avait garé la voiture de Briquet, une 505 blanche, juste devant la porte de l'hôtel, au grand dam du portier qui les injuria copieusement. Le brouillard s'était légèrement levé en ville ; la visibilité était redevenue normale. Au mépris des règles élémentaires du code de la route, Huang démarra sur les chapeaux de roues et entreprit de zigzaguer entre les voitures ; la circulation était encore fluide mais s'intensifiait à vue d'œil.

Grodaeg s'assura que son ange gardien ne les avait pas pris en filature ; personne ne les suivait. À cette vitesse-là, il n'aurait eu aucun mal à repérer un éventuel poursuivant.

Grodaeg serrait désespérément la poignée située au

dessus de sa portière tout en priant Saint Christophe et Mao réunis pour qu'ils les protègent d'une collision fatale. De nombreux chauffeurs de taxis s'étaient mis à suspendre une effigie de feu le Président Mao à la manière de notre Saint Christophe. Comme dans tous les bons systèmes évhéméristes, la Chine sanctifie et déifie ses grands personnages quand cela est possible. Le Dieu de la Guerre, Guan Gong, est ainsi un général célèbre de l'époque des Trois Royaumes qui a obtenu de l'Empereur du Ciel cette charge en récompense de sa bravoure, pourquoi pas Mao ?

La 505 approchait de la gare centrale. Huang pila brutalement ; une grosse limousine venait d'hésiter sur la direction à suivre. Sous l'effet du freinage, l'arrière de la voiture s'était légèrement déporté, entraînant la 505 à la limite du dérapage. Le moteur cala. Huang le relança en pestant comme un beau diable. Hélas pour lui le feu venait de passer au rouge et un brave policier, perché au milieu du carrefour sur un piédestal en bois peint, lui signifiait du doigt de se garer sur le côté.

Le feu venait de repasser au vert. Huang démarra agressivement, sans se préoccuper du policier qui gesticulait furibard sur son socle.

– Celui-là s'il te retrouve, lui souffla Grodaeg

– Il n'y a pas de pet… Ce n'est pas ma voiture, lui répondit Huang, avec le numéro qu'on a aux fesses, il ne va pas risquer l'incident diplomatique !

Tout en finissant sa phrase, Huang s'était engagé sur le parking situé devant la gare, au milieu du terre-plein central.

– Terminus ! Tout le monde descend ! s'écria Huang en prenant d'assaut frontal une place qu'une voiture abordait lentement à reculons.

Il n'eut pourtant pas le temps de savourer sa victoire.

La fusillade éclata à cet instant précis.

Instinctivement, ils se recroquevillèrent sous le tableau de bord, tandis que des cris de panique et de douleur résonnaient sur l'esplanade gelée.

Grodaeg releva précautionneusement la tête; un désordre indescriptible régnait sur le parvis de la gare. Des centaines de personnes couraient en tous sens, heurtant des corps renversés, piétinant des femmes et des enfants. D'autres tentaient de trouver refuge derrière les ballots et les valises qui jonchaient le sol. Au milieu de ce tableau d'épouvante, confortablement installé sur sa jeep décapotée, un soldat tirait sur tout ce qui bougeait à la mitrailleuse lourde, hachant net les malheureux qui entraient dans sa ligne de mire. Grodaeg distingua plusieurs impacts de balles s'écrasant sur la carrosserie de la jeep. Les forces de sécurité de la gare réagissaient. Cela, néanmoins, ne sembla pas déstabiliser le tireur qui fit une rapide pause, le temps de dégoupiller et de lancer deux grenades avant de reprendre calmement sa tuerie.

Les deux grenades explosèrent presque simultanément. Grodaeg vit distinctement la grosse limousine noire qui les avaient cloués au carrefour se soulever dans une gerbe pour retomber sur le toit dans un feu d'artifice macabre.

Le forcené avait ralenti son tir; Grodaeg le vit alors distinctement porter une main à son oreille pour y ajuster un petit écouteur vraisemblablement délogé par les soubresauts de la jeep. En plus, quelqu'un le guidait par radio!

Grodaeg n'eut guère le temps de se poser plus de questions; la mitrailleuse venait de pivoter de 180 degrés. L'espace d'une seconde, Grodaeg croisa le regard fou du tireur puis il vit le trou béant du canon de la mitrailleuse le fixer; il était juste dans la ligne de mire. Hypnotisé par l'œil du canon et paralysé par la peur, il ne pouvait plus faire un geste.

Le tueur devait être en bout de bande, plutôt que d'en engager une nouvelle il opta pour dégoupiller une grenade. Grodaeg suivit son geste comme dans un film muet tournant au ralenti. Dans un geste d'une beauté fatale, la main gauche du tueur arracha la goupille tandis que le bras droit poursuivait sans un à-coup son mouvement de torsion vers l'arrière.

Grodaeg plongea dans un grand vide; il ne revit pas toute sa vie se dérouler en un instant. Ses dernières pensées n'allèrent à personne, il n'eut même pas la force de lancer son juron favori. Ses yeux suivaient ce film terrifiant. Le bras avait atteint son extension maximum vers l'arrière et s'apprêtait à se détendre pour jeter la grenade.

Le film reprit alors son rythme normal et sa bande sonore : des détonations à moitié couvertes par les cris des blessés crépitèrent, secouant le forcené de spasmes désordonnés et de petits geysers de sang. Il lâcha sa grenade qui roula en arrière en explosant dans une gerbe de flammes. La jeep se souleva à la verticale sous le choc, éclipsant la lumière de l'explosion.

Grodaeg parvint à se rasseoir sur le siège. Son corps était agité de tremblements nerveux.

Huang n'en menait pas large non plus.

– Je pense que ce n'est pas vraiment la peine d'aller voir s'il reste quelque chose de nos informatrices, à moins que tu aies apporté des tupperwares.

Grodaeg encore sous le choc, s'abstint de relever la plaisanterie macabre.

L'esplanade de la gare avait pris des allures d'apocalypse. Les corps jonchaient le béton au milieu d'une foule hébétée et désorientée. Un vieil homme couinait en serrant de son bras valide un moignon d'où le sang s'échappait à flots. Le reste du tableau était encore plus dantesque. Grodaeg claquait des dents et se sentait au bord de la nausée. Une petite troupe de policiers en civil entourait maintenant la jeep, tenant à l'écart la troupe des badauds qui commençaient à s'agglutiner.

Grodaeg en avait assez vu. Huang entreprit de se dégager du parking passablement encombré de voitures garées à la hâte en tous sens. Ils parvinrent finalement à se frayer un passage jusqu'à la sortie où une vieille Pékinoise hargneuse leur demanda leur ticket de parking. Pendant la durée du massacre, la bureaucratie continuait.

– On va où, Patron? lui demanda Huang.

– Allons à l'ambassade.

– Cela me paraît être une excellente idée! lui dit Huang en effectuant un magnifique tête à queue contrôlé au centre du carrefour de Xidan, sous les yeux révulsés du préposé à la circulation.

– Dommage qu'il n'ait pas été doté de sifflet! Celui-là, je suis sûr qu'il l'avalait! J'espère qu'il aura eu le temps de relever mon numéro, ça serait sympa de voir le colon convoqué au commissariat.

Grodaeg gardait toujours le silence.

– Je me demande la tête qu'il aurait faite si on lui avait ramené sa Peugeot transformée en Emmenthal. Ça me fait penser qu'ils ont été chouettes de me piquer la mienne pendant la nuit, en fait, c'était pour notre bien. C'est également sûrement pour ça que ton téléphone a oublié de sonner, et nous qui nous sommes pressés comme des cons! Un peu plus, et on prenait la saucée. Vache! Quand j'ai vu cet enf… pointer sa poinçonneuse sur nous, je me suis dit qu'on y passait. T'as vu la taille des pelots qu'il crachait? C'est pas le capot de la voiture qui nous aurait offert une protection, il aurait fallu au moins 30 mm de blindage.

Qu'est-ce t'as? T'es muet ou ma conversation t'emm...

– Non! non! je réfléchis, lui répondit Grodaeg, mais si cela te fait du bien, tu peux continuer à parler; cela ne me dérange pas.

– Moi, ce qui me dérange, c'est le noquetis de tes gencives... T'es obligé de jouer des castagnettes à chaque fois que tu réfléchis?

Grodaeg ne répondit pas; Huang avait également besoin de se passer les nerfs et Grodaeg préférait qu'il le fasse sur lui plutôt que de jouer les cascadeurs au milieu des carrefours. Il avait eu très peur et il en ressentait encore les effets.

Ils roulèrent calmement jusqu'à l'ambassade. Le quartier de San Li Tun était aussi désert qu'à l'habitude; ce calme aseptisé tranchait avec les scènes d'épouvante de la gare.

Dimanche 8 h 50. Zhong Nan Hai,
Siège du Gouvernement Central. Bâtiment nord IV-A.

Hu en aurait presque pleuré de rage. Le Bureau permanent se réunissait à 9 h 30, il avait encore un peu plus d'une demi-heure devant lui pour trouver une parade aux accusations qui ne manqueraient pas de lui être lancées. Ces larves de conservateurs n'allaient pas laisser passer une si belle occasion. Hu réfléchissait, tout en arpentant son bureau.

Chou, la tête basse, planté au milieu de la pièce, le surveillait du coin de l'œil. La colère de Hu était trop apparente pour que Zhou ait à s'en méfier. Et puis, après un coup comme celui-là, ils étaient de toute manière tous dans le même bateau.

Son œil gauche le brûlait. Hu lui avait jeté un paquet de dossiers à la tête, arrachant ses lunettes de soleil qui lui avaient griffé le visage.

Il n'empêche que Xiao Chen ne perdait rien pour attendre. Comment l'opération avait-elle pu dégénérer aussi lamentablement? Qui avait pu avertir ces fumiers de la Sécurité publique? Et l'autre fou qui s'était mis à tirer dans le tas! Dire qu'il avait craint un moment qu'il ne se dégonfle. Il avait rempli sa mission au delà de toute espérance, plus moyen de l'arrêter! Une boîte de 12.7, trente mètres de pruneaux explosifs capables de vous transpercer des tôles de plus de 20 mm! Peng avait perdu trois hommes, c'était quand même une consolation. Cet enfoiré de Français s'en était encore sorti, mais il ne perdait rien pour attendre.

Hu avait retrouvé son calme et répétait le plan qui s'échafaudait dans son esprit. Cette fois-ci la dose était dépassée. Il ne pouvait pas espérer s'en tirer avec des demi-mesures. Comme dans toutes les situations désespérées, la meilleure forme de riposte était l'attaque... le mensonge éhonté et les démentis contre vents et marées...

Les hommes de la Sécurité d'État n'avaient rien pu faire contre les monstres de la Sécurité publique. Ses agents n'avaient appris que trop tard l'atroce machination que préparaient les forces de la Gong An. Il fallait lancer sans attendre une enquête au plus haut niveau sur les agissements de cette police. Le ministre devait remettre immédiatement sa démission, cette action était intolérable et méritait des châtiments exemplaires.

C'était sa parole contre celle de ses adversaires. Personne ne serait assez naïf pour croire à la version d'une crise de démence, mais personne ne saurait vraiment qui avait lancé cette action. Après tout, les hommes de Peng aussi étaient sur le terrain. Le fou à la mitrailleuse pouvait appartenir à leur troupe. À bien réfléchir, il était même certain que c'était l'un d'eux. Et puis personne ne comprendrait la raison de cette tuerie. Il était impossible de songer à lancer l'opération Légitimité avant d'être assuré de pouvoir neutraliser les forces militaires qui pourraient leur être opposées. Le temps de réceptionner la marchandise et d'en équiper les troupes fidèles, rien ne pourrait être sur pied avant une bonne dizaine de jours au plus vite. Il fallait donc tenir coûte que coûte jusque là, à n'importe quel prix, et ce n'était pas peu dire avec des gourdes comme ce Zhou de malheur ! Comment avait-il pu saboter l'opération à ce point ?! Tout avait si bien marché jusqu'à présent.

Hu écrasa au passage ses lunettes… Le crissement du verre sur le parquet lui procura un énorme soulagement… Cet étron de Zhou avait l'air de souffrir plus pour ses verres que pour les victimes innocentes de la gare.

– Vous courez de maladresse en maladresse. Encore deux jours à ce rythme et nous serons tous sous les verrous. Il nous faut tenir jusqu'à l'arrivée de ces gaz de combat, ils sont notre principal atout pour convaincre les derniers récalcitrants de la justesse de notre ligne politique et seront indis-

pensables pour nous débarrasser de tous ceux qui n'auront pas voulu se laisser convaincre. Je vous rappelle que nous n'avons aucune chance de rallier les forces de l'Armée de Terre dans notre camp et que la Marine est trop déchirée pour se décider. Les provinces de l'intérieur s'opposent maintenant ouvertement à la poursuite des réformes et les forces de nos opposants se gonflent de jour en jour.

Nous devons gagner si nous voulons sortir la Chine de sa gangue et en faire la première puissance du troisième millénaire. Mais vous ne nous en laisserez pas l'occasion si vous persistez à saboter toutes nos actions !

Il était l'heure pour Hu de se rendre à sa réunion. Il cracha sur Zhou en sortant.

Dimanche 9 heures du matin.
Ambassade de France en Chine.

Le gendarme de garde enregistra leur entrée et après avoir prévenu le secrétariat de l'Ambassadeur les invita à s'asseoir quelques instants dans le hall :

– Monsieur l'Ambassadeur est avec Monsieur le ministre Fites. Il va vous recevoir dans une dizaine de minutes.

Grodaeg lui sourit et le pria de bien vouloir avertir Briquet et Dhonneur de sa présence. Il se tourna ensuite vers Huang :

– Tâche de voir si on peut mettre la main sur Annie Coulomb et sur Cochisi !

Huang fit une moue gourmande.

– Je préférerais mettre la main sur Annie Coulomb si vraiment tu m'en laisses le choix.

– On peut dire que tu as vraiment l'esprit mal tourné ! Allez, file ! lui lança Grodaeg en feignant la colère.

– Bien, chef! lui répondit Huang en riant.

Grodaeg entendit derrière lui le déclic caractéristique de la porte blindée qui donnait un accès restreint au service de Briquet au sein de l'ambassade, au moment où le pas massif de Dhonneur, descendant de son bureau, résonna dans l'escalier.

– Quoi de neuf, Commissaire ? Votre enquête, me suis-je laissé dire, est achevée. Tous mes compliments ! lui lança Dhonneur avec un sourire affable.

– Je ne suis pas sûr qu'elle soit tout à fait terminée. Mais serait-il possible de dénicher un endroit plus calme pour en discuter ?

Tous les deux proposèrent leur bureau simultanément ; Grodaeg opta pour celui de Briquet, qui devait être, a priori, le plus discret.

Ils contournèrent le guichet du garde d'entrée pour s'enfoncer dans la zone de sécurité de l'ambassade qui abritait les conseillers militaires et le deuxième secrétaire, en charge de l'antenne de la DGSE. Ce dernier prenait quelques semaines de congé au Tibet. Grodaeg imagina le nombre de Mercedes qui devaient faire le voyage derrière lui.

Grodaeg leur résuma brièvement la situation : le carnage de la gare, les comptes en Suisse des principaux responsables de la municipalité de Pékin, la disparition de l'agent de la CIA et l'arme du crime, le meurtrier présumé, le témoin oculaire du meurtre, la mort de Denise Goulet.

Un silence de plomb s'abattit sur le bureau. Briquet gardait la bouche ouverte et Dhonneur souriait symptomatiquement.

Briquet rompit le silence :

– Tu dis qu'il y aurait plusieurs morts à la gare ?

– Plusieurs dizaines, tu veux dire ! Je te dis qu'il a tiré à la mitrailleuse lourde dans la foule… Tu imagines la gare… c'est pire que les Galeries Lafayette avant Noël. Elle est bondée de hordes de paysans arrivant de l'on ne sait où et se rendant nulle part.

– Tu comptes revenir souvent en Chine ? Le prochain coup, tu nous préviens au moins un mois à l'avance, qu'on ait le temps de mettre l'ambassade en état d'alerte ! J'envoie quelqu'un à la gare, on aura peut-être une idée de la version officielle de ce massacre.

– Quelles conclusions tires-tu de tout ce fatras ? le questionna Dhonneur.

– Il est vrai que pour chaque événement on peut trouver des explications convaincantes qui ne mènent pas forcément à un assassinat, mais il y a trop de coïncidences, les probabilités deviennent bien trop élevées pour qu'on puisse invoquer uniquement une quelconque loi des séries.

Je pense que Fournier et Annie Coulomb présentaient pour nos amis chinois un danger qui nous échappe encore; le fait que la COFACE ait voulu contrôler certains projets est certainement le détonateur. Le projet de centre commercial, avec ses comptes en Suisse peut être encore plus explosif qu'il n'y paraît. Pourtant, il ne semble plus cacher beaucoup d'éléments : les comptes et leur détenteurs sont maintenant connus et il est donc difficile de comprendre pourquoi des gens s'acharneraient à vouloir cacher quelque chose. J'ai demandé à Cochisi de regarder de plus près tous les dossiers sur lesquels la COFACE comptait entreprendre des vérifications. Avec l'aide d'Annie Coulomb, nous arriverons peut être à découvrir une piste.

Grodaeg se tourna vers Dhonneur :

– J'ai reçu le message de Sternant, hier soir; ce sont les Chinois qui lui ont demandé d'intervenir?

– Il a été convoqué au ministère des Affaires étrangères vers 18 heures hier. J'étais avec lui. Ils nous ont joué la grande scène du III... des mercis larmoyants; une amitié solide et indéfectible... un petit coup sur De Gaulle qui les a reconnus le premier en 64... et, en conclusion, l'arrêt de toute action sur cette enquête. Pour finir, une menace à peine voilée : vous ne voudriez pas que nos relations se détériorent uniquement pour de petites ingérences dans nos affaires intérieures? Le genre de petite phrase à liquéfier notre ambassadeur qui, comme tu le sais, n'ose pas sortir au soleil de peur d'y croiser son ombre. Qu'est-ce que tu comptes faire à son égard? Il va sûrement vouloir que tu laisses tout tomber. Il s'est mis dans la tête que c'est grâce à lui si des relations franco-chinoises normales ont pu être rétablies. Il t'étranglerait de ses propres mains plutôt que de te voir toucher à son bébé…

Grodaeg se frotta le menton de la paume de la main, l'air soucieux.

– Je me fiche pas mal des états d'âme de Sternant mais d'un autre côté je préférerais être un peu couvert si les choses tournaient mal.

Briquet intervint :

– Je demande un feu vert à la DGSE. C'est moi qui suis de permanence puisque le résident est en vacances. C'est l'affaire d'un quart d'heure. Si la CIA est sur le coup et avec les dégâts que cela occasionne, il faut absolument que l'on sache ce qui se cache au bout du tunnel. Va voir Sternant, il vient d'appeler, continua-t-il en riant, il était prêt à te faire attendre une bonne dizaine de minutes histoire de bien te montrer qui est le chef, mais quelqu'un a dû cafter que tu étais avec nous.

– OK, je monte, lui répondit Grodaeg, surtout préviens-moi dès que tu obtiens ta réponse !

L'ambassadeur l'attendait, en compagnie de Fites, dans son bureau.

– Je vous ai cherché partout dans l'ambassade, attaqua Sternant avec un sourire crispé.

– Je n'en crois pas un mot, Monsieur l'Ambassadeur. Vous avez bien trop d'expérience pour ne pas savoir ce qui se passe dans votre ambassade ; je suis sûr que vous m'avez pisté dès mon arrivée, rétorqua Grodaeg avec un sourire mielleux…

La rencontre s'annonçait sous les meilleurs auspices. Sternant l'invita à s'asseoir dans l'un des sofas de son petit salon. Le bureau sentait la cire et l'ordre méticuleux. Un dossier négligemment oublié sur le coin du vaste bureau en bois massif et lustré semblait n'avoir été posé là que pour tenter de convaincre les incrédules que la propreté maniaque n'impliquait pas l'inaction.

– Avez-vous reçu mon petit message hier au soir, Monsieur Grodaeg ?

Grodaeg respira un bon coup et retraça une nouvelle fois les divers événements qui avaient marqué sa journée d'hier et son début de matinée. Fites écoutait d'une oreille intéressée ; Sternant quant à lui, semblait complètement dépassé. Ce fut Fites qui le rattaqua point par point sur ses déductions.

– Si je vous ai bien compris, cher commissaire, vous vous heurtez à un faisceau de présomptions qui vous dérangent. Mais, d'un autre côté, les autorités chinoises nous annoncent avoir tué le meurtrier et arrêté un suspect qui a avoué sa complicité dans le meurtre. Je veux bien admettre avec vous que les motivations exactes de ce forfait, telles qu'elles nous sont présentées par la partie chinoise, ne sont pas tout à fait convaincantes... mais pourquoi serions nous plus royalistes que le roi ou plutôt, plus chinois que les Chinois. Il s'agit d'un crime crapuleux ; il me semble donc normal qu'une certaine gêne se soit installée chez nos amis qui n'ont pas l'habitude d'un tel affront. Pourquoi ne les laisserions nous pas régler leurs petits problèmes en famille et comme ils l'entendent. Connaître les mobiles exacts du criminel ne rendra pas la vie à ce pauvre Monsieur Fournier. En ce qui concerne les autres suppositions, vous me permettrez de rester sceptique : les relations qui pourraient relier ce crime à la disparition d'un agent américain me paraissent plus que ténues ; je n'ai jamais vu de pistolet Walther machin chose, mais j'imagine qu'ils ne sont pas fabriqués à quelques unités et si les Américains en perdent dans ce pays, c'est peut-être en plus grandes quantités que ce qu'ils veulent bien vous avouer !

Quant à votre tuerie de la gare centrale, qui me laisse

toujours pantois, je pense réellement qu'il s'agit là d'une coïncidence. Vous n'imaginez tout de même pas la police chinoise tirant à la mitrailleuse lourde dans sa propre foule pour vous empêcher d'interroger un témoin. Je crois qu'il vous faut quand même les créditer d'un peu plus de jugeote.

– Ils ont bien envoyé des chars pour déloger une poignée d'étudiants de Tiananmen, en 89, ne put s'empêcher de rétorquer Grodaeg.

– Allons, Commissaire, gardez votre bon sens ! Vous n'allez pas comparer un acte de démence caractérisé avec une émeute populaire qui dégénère ! Des forcenés qui tirent sur la foule, c'est hélas assez courant de nos jours et vous n'allez pas prétendre que la Chine en a l'apanage.

Je ne comprends vraiment pas votre acharnement à soupçonner à tout prix un complot machiavélique et à voir partout des intrigues, dans des phénomènes qui peuvent s'expliquer par une concomitance, troublante je l'avoue, de circonstances malheureuses. Le hasard existe, Commissaire, nous le vivons tous les jours et ce ne serait pas la première fois qu'une série d'événements nous paraît extraordinaire !

Votre entêtement à vouloir voir plus clair dans cette affaire peut nous apporter une bien piètre satisfaction face aux intérêts industriels et commerciaux qui sont en jeu. Nous ne jouons pas, Monsieur Grodaeg, aux gendarmes et aux voleurs ! Nous livrons une guerre commerciale sur un échiquier géant où tous les coups comptent et s'il fallait imaginer une machination, je m'orienterais préférablement vers des manœuvres de nos concurrents plutôt que vers une volonté de nous nuire de la part de nos amis chinois. Nous avons tout à perdre à ne pas vouloir suivre leurs conseils. Qu'avons-nous à gagner à vouloir plus de vérité ?

– Plus de vérité, lui répondit froidement Grodaeg, c'est déjà beaucoup et cela devrait être suffisant. J'ajouterais néanmoins qu'en comptabilité une différence d'un centime en fin de bilan peut dissimuler plusieurs milliards d'erreurs. Je pense qu'il est toujours important de tenter de savoir ce que l'on souhaite vous cacher et la vie d'un innocent est peut-être en jeu.

– C'est un Chinois ! s'emporta Fites, qui réalisa immédiatement sa bévue. Je veux dire que c'est une affaire chinoise domestique et qui plus est, il a avoué son forfait. Que désirez-vous de plus !?

– Vous savez bien ce que valent des aveux dans certains pays, Monsieur le Ministre.

– Qu'en savez-vous pour la Chine ? Il y a peut-être dans ce pays plus de justice que dans nos tribunaux. Les sentences y sont probablement plus lourdes mais il est notoire que la personnalité des inculpés y est mieux prise en compte et les efforts pour comprendre et rééduquer plus manifestes.

– Vous croyez sincèrement ce que vous dites où essayez-vous seulement de protéger vos intérêts !?

Sternant en avait profité pour retrouver ses esprits.

– Allons, allons ! Ne nous emballons pas ! Gardons notre calme ! Monsieur le Ministre a parfaitement raison. Écoutez, cher commissaire, nous avons un coupable, les excuses du Gouvernement chinois, nous n'allons pas en plus leur chercher des poux dans la tête. J'admets également que certaines de leurs explications ne sont qu'en partie satisfaisantes mais il faudra nous en contenter. Nous n'allons pas risquer de mettre une nouvelle fois en péril nos avancées commerciales uniquement pour essayer de voir plus clair dans une sordide histoire qui de toute façon nous dépasse. Les intérêts de la France nous commandent de nous ranger à l'avis de nos partenaires

Chinois. Cette affaire ne nous concerne plus, Monsieur Grodaeg, me suis-je bien fait comprendre ?

Grodaeg fut heureusement dispensé de répondre. Briquet venait de passer la tête à la porte du bureau, sans y avoir été invité. L'ambassadeur se hérissa face à cette intrusion discourtoise. Son regard noir ne parut pas affecter Briquet qui s'excusa pour son irruption subite :

– Je vous prie de bien vouloir m'excuser, Monsieur l'ambassadeur, j'ai juste un petit message pour Monsieur Grodaeg ; je dois m'absenter quelques instants. Je voulais simplement l'informer que la piscine était ouverte et chaude. Nous pourrons y plonger ensemble après votre réunion.

Grodaeg ne put se retenir de sourire. Le message était limpide ; la piscine était le surnom qu'avait gardé la DGSE. Il devenait donc inutile de s'efforcer de convaincre ses interlocuteurs ; il avait son feu vert.

Il se leva donc de son fauteuil :

– Je suis sous votre autorité, Monsieur l'ambassadeur, et c'est donc bien à vous de prendre les décisions qui vous paraissent les plus appropriées. Je me range donc à votre avis. Je vous donnerais une copie de mon rapport dès qu'il sera rédigé.

L'ambassadeur, visiblement soulagé, le remercia chaleureusement, tout en le reconduisant jusqu'à la porte de son bureau.

– Ne faites pas attendre ce cher Colonel, Commissaire. Partez nager, cela vous détendra, après toutes ces aventures. Cela me serait également fort nécessaire mais ma charge ne m'en laisse, hélas, pas le loisir !

Grodaeg avait hâte de retrouver Briquet. Ce dernier l'attendait, tout souriant.

– Votre mission consistera à poursuivre votre enquête et à m'accepter comme officier traitant. Ce message est oral et ne s'autodétruira pas dans les quinze prochaines secondes, lui annonça Briquet en riant.

– Le script du feuilleton ajoute que si je suis pris personne ne me reconnaîtra. C'est comme ça aussi chez vous ? ajouta malicieusement Grodaeg.

– Il est sûr qu'à partir de maintenant nos actions ne pourront être qu'officieuses mais nous ne sommes pas des chiens ! On fera notre possible pour te sortir du pétrin, en cas de pépin.

On commence par quoi ?

– On attend Annie Coulomb et Cochisi et on étudie en détail tous les dossiers.

Cochisi arriva quelques instant plus tard, suivi de près par Huang et par Annie Coulomb. Le bureau de Briquet s'avéra un tantinet exigu mais chacun trouva une place autour de sa table de travail.

Grodaeg réitéra pour les nouveaux arrivants le récit des derniers événements puis Cochisi prit la parole de sa voix lasse, avec son accent corse traînant.

– J'ai consulté les dossiers que tu m'as fait passer. Celui du centre commercial est de loin le plus transparent. C'est une banale affaire de corruption. Il s'agit bien évidemment de gros poissons mais à part cette énorme commission égarée en Suisse, le reste du dossier paraît anodin, aucune livraison de matériel ni d'équipement n'a été facturée et encore moins réglée. L'affaire a foiré dès l'apport en capital. J'ai envoyé notre interprète prendre des nouvelles des expropriés. La plupart ont été plutôt bien traités et n'ont pas l'air de se plaindre.

Les deux autres dossiers sont nettement moins translucides et celui de Shanghaï, avec ses lampadaires, est le pire. Tout est foireux, la partie chinoise est d'une mauvaise foi évidente, presque autant que la partie française, ce qui n'est pas peu dire. Je vous passe les détails mais personne n'a respecté les clauses du contrat. C'est un affreux imbroglio de malversations et de bêtises, néanmoins les sommes en jeu sont ridicules. Les équipements fabriqués relèvent du meccano et les intervenants sont tous d'une médiocrité patente.

Le deuxième semble plus intéressant. Il s'agit d'équipements hospitaliers très sophistiqués. Le montant global du projet n'est pas démesuré, une dizaine de millions de dollars, ce qui est dans la norme pour ce type de prestations, mais rien n'indique que cette somme recouvre réellement la totalité des paiements.

Je m'explique. L'analyse détaillée des livraisons laisse filtrer de nombreuses aberrations : les tonnages de chaque livraison ramenés aux montants facturés donnent un prix moyen au kilo équivalent au prix de la fonte, ce qui ne paraît vraiment pas cher pour du matériel high-tech.

En clair, les tonnages indiqués montrent que du matériel non indiqué sur les connaissements est ajouté discrètement à la cargaison initiale. Un des connaissements fait état d'oscilloscopes dotés de plus d'une centaines de mètres de tuyaux en zirconium. Je ne suis pas expert en électronique mais il y aurait comme un problème. Je vous garde le meilleur pour la fin. La société d'appareillages médicaux qui a signé ce contrat n'est en fait que sous-traitante ; elle n'a pas signé directement avec la partie chinoise. Elle l'a fait avec une société française qui la décharge gracieusement de ses risques internationaux. Elle est donc payée en France, grâce à des lettres de crédit qui ont été ouvertes à la signature du contrat. Les paiements interviennent à chaque livraison dans les entrepôts de la société qui se charge de cette commande vis-à-vis des Chinois. Les factures montrent que le poids est alors multiplié par dix.

Paris vient de faxer des renseignements sur l'entreprise responsable des réexpéditions. Elle est… je veux dire, elle était dirigée par Denise Goulet.

Cochisi s'arrêta, sûr de son effet.

Grodaeg rompit le silence qui s'était abattu sur la petite assemblée abasourdie :

– Toutes les livraisons ont été effectuées ?

– L'avant-dernière est sur mer et la dernière devrait être en train d'embarquer. Elle est contractuellement prévue pour demain et les livraisons précédentes n'ont subi aucun retard.

Chacun intervint tour à tour, conscient qu'une pièce majeure du puzzle venait d'être posée. Grodaeg préférait ce puzzle à l'échiquier de Fites.

– À qui sont destinés les équipements ? demanda Dhonneur.

Annie Coulomb lui répondit : – À un hôpital de Chongqing.

Tout commençait à se recouper. L'ombre de l'agent américain se profila dans le tableau.

– Qui s'est porté garant des paiements du côté chinois ? La Banque de Chine ?

– Bonne question, se contentèrent de répondre Coulomb et Cochisi, en consultant les pages du dossier.

– Je l'ai ! s'écria Annie, nous avons accepté une garantie conjointe de la Banque de Chine et du BINE.

– C'est quoi le BINE ? demanda Briquet à la ronde.

– C'est une entité appartenant au ministère de l'Énergie nucléaire. L'hôpital leur appartient.

Grodaeg reprit la parole :

– Je pense qu'il serait instructif d'étudier de plus près la dernière livraison avant qu'elle ne prenne la mer et peut-être d'avoir une idée plus précise de cet hôpital. Briquet, peux-tu te charger de l'entrepôt ?

– Cela me paraît être effectivement une excellente idée. Les gars ont l'air chaud à Paris ; ça va leur faire une petite distraction et leur dégourdir les jambes. Il se situe où votre magasin ?

Annie Coulomb lui tendit rapidement un feuille du dossier :

– C'est en Californie ! s'écria-t-elle. Voyant le regard ahuri de Briquet elle s'empressa de rajouter : c'est un lieu-dit de la commune de Carqueiranne, près de Toulon.

– Pour l'hôpital, poursuivit Grodaeg, le seul qui puisse s'en approcher sans trop gros risque de se faire repérer, c'est toi, Huang. Si on envoie un diplomate, il n'aura pas atteint l'aéroport que tous les Chinois sauront où il va. Tu peux t'en charger ?

Huang acquiesça d'un mouvement de la tête.

– C'est le boulot le plus dangereux, rajouta Grodaeg à son partenaire, ces gens-là ont montré leur détermination.

– Je prends le risque, lui répondit simplement Huang, j'en profiterai pour aller voir des clients sur place.

Briquet, en bon professionnel, reprécisa les rôles. Chaque participant, la mission, le projet et l'hôpital furent affublés d'un nom de code pour éviter d'éveiller les soupçons dans leurs communications ultérieures. Briquet avait inscrit ses codes sur un post-it. Chacun les lut à son tour afin de les mémoriser. Grodaeg étant le dernier les détruisit… comme dans le feuilleton.

– Posthite… orchite et vaginite… murmura Grodaeg en regardant le papier se consumer.

– Tu crois pas nous en mettre plein la vue avec ton latin de cuisine ! lui jeta Briquet, avec un regard de travers.

– T'excite pas ! lui dit Dhonneur, en riant, je suis pas sûr que posthite et orchite soient vraiment du latin.

– Il faut que je vous quitte maintenant, leur dit Annie Coulomb, la signature du protocole est prévue à 11 h 30 et elle sera suivie d'un déjeuner. Les Chinois nous emmènent ensuite à la Grande Muraille.

Elle se tourna vers Grodaeg :

– Tu viens avec nous ? Cela rassurera l'ambassadeur de te savoir en compagnie de Fites et de Despierre et je me sentirai plus en sécurité.

– Pourquoi pas ?

– Alors à tout à l'heure !

Un avion pour Chongqing partait le soir même à 18 heures. Huang avait suffisamment de connections à la CAAC pour obtenir un billet.

Briquet de son côté s'assurait des préparatifs de l'intervention en France. Ses correspondants devaient bénir le décalage horaire. Il était à peine 4 heures à Paris.

Ta ligne est sûre ? le questionna Grodaeg après qu'il ait raccroché.

– C'est un peu tard pour me poser la question mais je crois que tu n'as rien à craindre de ce côté-là. Nous parlons à chaque bout de la ligne mais la transmission est entièrement codée entre les deux postes. J'ai eu le chef de secteur en personne. Ils sont très emballés à Paris. Ils étaient alertés depuis plusieurs mois mais ne savaient pas où taper. Tout le monde est sur le pont, l'opération est classée top priorité. La descente sur l'entrepôt devrait débuter dans la matinée, heure locale. On aura les premiers échos d'ici ce soir. Nous n'avons plus qu'à prendre notre mal en patience. Que fais-tu pour le déjeuner ? On peut faire un saut jusqu'à l'hôtel Lido, il y a une piscine superbe là-bas, cela donnera le change. Nous déjeunerons ensuite sur place. Le programme vous tente ? Et vous Monsieur Dhonneur, vous êtes de la partie ?

Dhonneur dut décliner l'invitation. C'était son tour d'être de garde à l'ambassade.

Grodaeg et Huang n'avaient eux pas grand chose à faire, tous leurs rendez-vous avaient été suspendus et Huang ne partait que dans la soirée. Ils acceptèrent l'invitation sous réserve que Briquet les laisse payer le restaurant. Briquet, déjà un peu Chinois, protesta pour la forme.

Ils tombèrent, dans le hall, sur l'ambassadeur qui partait assister à la signature du Protocole d'accord en compagnie de Fites.

– Nous venons de croiser Madame Coulomb ; il va de soi, cher Commissaire, que vous êtes cordialement invité à vous joindre à la petite expédition sur la Grande Muraille. Monsieur le Ministre m'a confirmé que ses amis chinois lui avaient laissé toute latitude d'inviter qui bon lui semblait. Vous êtes donc le bienvenu. Les bus partiront à 14 h 30 de votre hôtel.

Grodaeg le remercia et se tourna vers Briquet :

– Nous avons juste le temps de faire notre petit plongeon. Dépêchons-nous.

L'ambassadeur semblait ravi. Grodaeg également.

Dimanche 12 heures. Hôtel Lido.

La Mercedes noire avait repris son service. Le fait que Grodaeg et Huang aient pris place dans la Peugeot du Colonel ne semblait pas l'avoir déroutée et elle les suivit consciencieusement jusqu'au Club de l'hôtel Lido, situé sur la route de l'aéroport. La dissimulation n'était pas le fort de ces suiveurs. Cette obstination à les coller avait tout d'abord choqué Grodaeg mais il commençait à s'y habituer et leur présence devenait presque sécurisante, il aurait bien voulu les avoir près de lui ce matin à la gare… À moins que… Il s'abstint de pousser plus en avant cette hypothèse.

Le Club sportif du Lido était situé à l'arrière de l'hôtel, au milieu d'un complexe immobilier construit dans les années 80 pour loger les étrangers toujours plus nombreux, qui repartiraient peut-être un jour comme l'avaient fait les chercheurs d'or déçus. Cela ferait le titre d'un nouveau livre : Faire tintin au pays de l'or jaune.

En attendant, l'engouement tenait toujours, bloquant les prix de l'immobilier sur des sommets vertigineux. Pour la modique somme de 60 000 francs par mois, le premier expatrié venu pouvait se louer un joli F3 avec vue sur des cheminées, et si son viatique le lui permettait encore, pour quelques dollars de plus, il avait le droit d'utiliser un des clubs sportifs luxueusement équipés pour éliminer les calories laborieusement gagnées dans les banquets.

La piscine du Lido Club était, en mi-journée, quasiment déserte. L'atmosphère saturée d'humidité dessinait sur les carreaux des dessins compliqués lacérés de traînées d'eau. Les bruits amortis par l'isolation extérieure ou absorbés par le vide donnaient une impression de surdité et l'envie de crier pour se faire entendre.

Grodaeg, prudent, plongea un premier doigt de pied dans l'eau pour s'assurer de sa température. Il n'eut hélas pas le temps de se féliciter de cette prudence ; Briquet venait de le pousser dans le bassin.

Ils batifolèrent comme des gamins s'éclaboussant et continuant à se pousser dans l'eau. Quitte à donner le change, autant le faire consciencieusement.

Après déjeuner ils décidèrent de repartir vers l'hôtel Jingguang.

Ils démarrèrent lentement ; la Mercedes, derrière eux, ne bougea pas d'un poil. Grodaeg fit signe à Briquet d'arrêter un instant la voiture. Ses deux anges gardiens, occupés à discuter avec un autre chauffeur, ne les avaient pas vus sortir de l'hôtel.

Grodaeg les klaxonna d'un coup bref, ils sursautèrent comme touchés par la foudre et se ruèrent vers leur voiture.

– Autant s'en faire des copains, pensa Grodaeg.

Dimanche 13 h 30. Hôtel Jingguang.

L'hôtel maintenant avait tout à fait retrouvé son aspect habituel, renforçant l'impression confuse chez Grodaeg qu'il venait de vivre en quelques heures une petite éternité.

– Ils ont peut-être même déjà retapé et reloué la chambre d'Annie, pensa-t-il en dégustant l'expresso bien tassé qu'ils venaient de se faire servir.

Annie Coulomb se planta justement devant leur table, quémandant une petite chaise et un café :

– Ayez pitié d'une pauvre expulsée qui cherche une tasse d'eau chaude.

Ils eurent pitié d'elle et lui firent une petite place entre Huang et Grodaeg.

– Le déjeuner s'est bien passé? lui demanda ce dernier.

– Il n'y avait rien à reprocher au cuisinier, le canard laqué était bon, lui répondit-elle ironiquement.

Briquet fronça les sourcils.

– Pardonnez-moi, je plaisantais s'empressa-t-elle d'ajouter devant leur mine anxieuse.

Cuisinier était le nom de code dévolu à Grodaeg. Briquet était maître d'hôtel, le dossier le canard laqué et ainsi de suite afin de permettre une conversation anodine sans trop éveiller de soupçons.

– Il ne faut pas jouer avec la nourriture, lui jeta Briquet l'air sévère.

– Cela faisait réellement partie du menu répliqua-t-elle d'un air penaud.

– C'est réservé aux journaux, valets de l'impérialisme! ajouta Huang, pour dissiper la tension.

– Qu'as-tu encore trouvé comme ineptie? lui demanda Grodaeg, qui le connaissait comme sa poche.

– Je voulais dire que c'était tout juste bon pour ces sortes de canards qui sont les laquais du Grand Capital.

Briquet secoua la tête, avec l'air découragé d'un médecin devant un cas désespéré, tandis qu'Annie pouffait discrètement en appréciant cette aide inopinée.

Ils s'éloignèrent de ce sujet brûlant et la conversation se concentra sur les rigueurs du temps et la nécessité de se harnacher en conséquence avant d'entreprendre ce raid sur la Grande Muraille. S'ils étaient sous écoute, avec ce genre de conversation, ils souhaitaient bonne chance au décodeur.

Dimanche 13 h 30. Siège de la Sécurité d'État.

Chou, noir de colère, arpentait son bureau. Ses lunettes de soleil scotchées en leur milieu, le verre droit copieusement fêlé, lui donnaient maintenant un air d'universitaire attardé.

Chen, debout tête basse, au milieu du bureau, attendait patiemment que l'orage passe... Était-ce sa faute si les hommes de Peng étaient déjà sur place et si ce fou à la mitrailleuse s'était mis à tirer sur tout ce qui bougeait ? Le type avait complètement craqué, impossible de le raisonner, même le tuer s'était avéré difficile ! Il canardait tous azimuts. Chen, coincé derrière une colonne, n'aurait pu se dégager sans courir le risque d'être haché menu. Les morts jonchaient le parvis de la gare, mais cela n'était rien comparé aux dégâts produits à l'intérieur : les petits obus s'étaient enfoncés au plus profond du grand hall de la gare et avaient balayé la cohue des passagers ou les immigrants qui dormaient à même le sol. Dire que le plan prévoyait une rafale de fusil mitrailleur. Zhou pouvait bien s'égosiller... Qui avait eu l'idée de la jeep... pour faire plus vrai !

Le comble est qu'il n'avait même pas eu le temps de l'abattre. C'était vraisemblablement un des hommes de Peng qui avait dû se charger de ce boulot.

D'un autre côté... la mission avait été un succès presque complet. La fille n'était pas près de raconter quoi que ce soit, à qui que ce soit. Les hommes de la Sécurité publique étaient en train de l'emmener quand Chen l'avait désignée à son tireur fou. Chen n'avait eu que le temps de plonger derrière un des pylônes. La fille et ses anges gardiens avaient été déchiquetés par les balles. Il ne restait pratiquement rien d'elle. Si seulement ce policier français avait pu se trouver à ses côtés.

Un mince filet d'écume coulait aux commissures des lèvres de Chou. Tout son vocabulaire d'injures venait d'y passer. Il s'arrêta quelques secondes, heureux d'avoir pu libérer sa bile.

– Je veux, tu m'entends bien, je veux cette fois-ci un travail soigné! Pas une affreuse boucherie comme ce matin! Débarrasse-toi de ce policier et en douceur. Je ne veux ni balle, ni bombe, ni explosion. Je veux un accident banal loin de toute suspicion, tu choisiras dans la panoplie. J'ai là un parapluie bulgare ou un appareil photo à jet de gaz, ce que tu veux mais sans vague. C'est bien compris? Son nom vient d'être rajouté à la liste des participants à la visite de la Grande Muraille. Peng a sûrement dû mettre des hommes pour le protéger, il faudra que tu passes inaperçu, et fais gaffe de ne pas être suivi. Je te mettrai Lao Wang en couverture, son boulot sera de concentrer l'attention des sbires de la Gong An sur lui tout en s'assurant que tu auras les mains libres.

Zhou sortit, laissant Chen à ses préparatifs.

Chen hocha calmement la tête. Il effectuerait lui-même la mission, cela le rajeunirait d'au moins dix ans. Il ne s'était pas travesti depuis belle lurette. Quant aux gadgets de mort, leur accès était plus que réglementé. Il fallait pouvoir se réserver une petite heure pour bien se familiariser avec leur fonctionnement. Il connaissait l'appareil photo bien qu'il ne l'ait jamais utilisé. L'objectif lançait un jet puissant qui collait aux victimes, tout contact avec la peau s'avérait mortel mais les coups directs au visage étaient de loin les plus radicaux. Il en avait eu une démonstration sur un condamné à mort… Impressionnant… Il prendrait également le parapluie, le temps était couvert, mieux valait être protégé. Pourquoi l'appelait-il bulgare? Tout semblait indiquer que la fabrication était bien locale.

Son plan était déjà arrêté. Un chauffeur sur lequel il puisse compter lui suffirait.

Lao Wang rentra à cet instant dans la pièce. Chen lui

décrivit succinctement son plan et lui expliqua le rôle qu'il devait jouer. Sa présence devait servir de leurre aux hommes de Peng. Son attitude devait être à la limite de la provocation de façon à bien concentrer sur lui l'attention d'éventuels observateurs.

Dimanche 14 heures.
Hôtel Jingguang.

L'ensemble de la délégation officielle se rassemblait peu à peu dans le hall. Grodaeg eut le plaisir d'apercevoir la fine silhouette de Hiamat discutant avec Despierres.

Deux minibus s'alignèrent devant la porte. L'un des interprètes du ministère invita Fites et les autres membres de la délégation à monter dans les cars. Grodaeg s'arrangea pour grimper dans le deuxième avec Annie et Hiamat. La balade serait plus facile à supporter. Il aimait bien flâner sur la muraille mais plutôt en solitaire; ces voyages en groupes organisés ne l'emballaient guère.

– Shanghaï ne vous manque pas trop, Monsieur le Consul général? attaqua Grodaeg sitôt assis.

– Si, énormément. Je suis devenu plus shanghaïen que les autochtones. J'exècre ces séjours à la capitale du nord, la ville est laide et sans âme. Mais par dessus tout, la cuisine y est moribonde et part à vau l'eau. C'est un envers de bon sens tout juste appareillé pour flatter les goûts de gastrolâtres ou mystifier des touristes. On vous fait passer des brimborions pour de la vaisselle impériale, des holothuries bouillies sont portées au pinacle sous le fallacieux prétexte qu'elles sont chères! Les nids d'hirondelles n'ont jamais vu l'ombre d'une salangane, même le fameux canard laqué, pourtant la spécialité de ce terroir, n'est plus qu'un tragique volatile caramélisé pour la plus grande joie de cars de touristes.

Grodaeg était hilare; la promenade partait d'un bon pied. Hiamat avait l'air en forme.

– Et la situation est bien meilleure à Shanghaï?

– Elle s'améliore en tout cas, au contraire de Pékin. Des gens comme Lu Wenfu ont beaucoup contribué à la renaissance de la cuisine de l'est de la Chine. Avez-vous lu son roman? Il a été traduit en français, sous le titre *Vie et passion d'un gastronome chinois.* Il faut absolument que vous le lisiez, Lu Wenfu n'est, d'ailleurs, pas uniquement écrivain ; il a ouvert un restaurant à Suzhou où l'on peut déguster de merveilleux repas.

Hiamat était intarissable sur le sujet ; ils atteignirent les premiers contreforts montagneux, en avant de la Muraille, sans même s'en rendre compte.

– Nous approchons de la Grande Muraille, constata Grodaeg en relevant la tête. La conversation de Hiamat était certes captivante mais il ne fallait pas priver Annie Coulomb des joies de sa première visite dans ce lieu célèbre.

Les bus s'arrêtèrent à la passe de Ju Yong Guan pour permettre aux visiteurs d'admirer une épaisse construction en pierre d'époque mongole qui enjambait autrefois la route des caravanes descendant vers Pékin chargées de ballots de laine ou de pelleteries mongoles ou expédiant vers la frontière sibérienne les célèbres briques de thé de la région de Tianjin. Sa voûte était décorée de motifs bouddhiques et d'inscriptions bizarres.

– Les inscriptions sont en six langues, énuméra Hiamat, dont la culture était décidément incommensurable, voici du chinois, du sanscrit, du tibétain, du mongol avec ses caractères phagspa, du ouigour et du tangout. C'est le grand orientaliste Chavannes qui a reconnu toutes ces langues, sauf la dernière qui a été reconnue par Dérévia.

Grodaeg était bluffé.

– Et vous avez la traduction ?

– Ce sont ce qu'on appelle des dharani, des sortes de formules de conjuration mais je ne suis, hélas, pas capable de les traduire. Je crois savoir que le sens de l'une d'entre elles est très proche de ce mot de Hegel, à la fois si profond et si obscur : *Wessen ist was gewessen ist.*

Ils essayèrent d'échapper à la horde des marchands

ambulants qui les attendaient à l'entrée du tunnel; il s'agissait en majorité de paysans du coin arrondissant leurs fins de mois en vendant des bricoles et des chinoiseries de toutes sortes qu'ils tentaient de faire passer pour d'authentiques antiquités; les prix pouvaient aller du simple au centuple suivant la détermination ou la jobardise du client potentiel. Les objets dataient des Tang, des Ming ou des Qing, suivant l'interlocuteur mais surtout en fonction de l'apparence; les plus laids et les plus sales étant forcément les plus anciens de façon à conserver un rapport qualité/prix convenable.

Annie s'était réfugiée au bras de Grodaeg pour tenter d'échapper à un petit groupe de vendeuses virulentes. Ils rebroussèrent chemin et progressèrent lentement vers la porte du car, disparaissant sous une marée multicolore et joyeuse qui s'évertua à les convaincre d'acheter leurs chinoiseries jusqu'aux marches du minibus.

Fites s'était arrêté, en pâmoison devant un groupe de jeunes pionniers arborant fièrement leur joli foulard rouge. Sentant la sympathie que faisait naître un tel spectacle, Beaumainate s'était empressé de se mêler au groupe, tentant laborieusement de se faire comprendre des bambins en jetant un œil noir à la maîtresse qui s'obstinait à lui parler en anglais.

Fites esquissa un sourire coincé qui souleva ses épais sourcils. Il s'adressa à ses compagnons :

– La maîtresse doit certainement leur expliquer l'injustice profonde qui régnait à l'époque féodale de la Construction de la Muraille. Car les Chinois ont bien compris que c'est dans leurs veines que coule l'avenir de la Chine.

Ce qui, de la part de quelqu'un qui ne parlait pas un seul mot de la langue, représentait un exercice d'interprétation impressionnant.

Puis se tournant vers Beaumainate, il poursuivit :

– Demandez donc à cet enfant ce qu'il voudra faire plus tard ? J'ai eu maintes fois l'occasion de vérifier que les réponses à cette intéressante question était souvent des plus surprenantes.

Beaumainate s'évertua à traduire les ordres du maître, entouré de tout le groupe de bambins hilares, à l'écoute de son chinois rafistolé.

– Que dit-il ? s'impatienta Fites.

Beaumainate lui souriait d'un air constipé :

– Il dit que quand il sera grand, il partira retrouver son cousin aux États-Unis.

Despierre leur sauva une nouvelle fois la mise :

– Montons vite dans les cars, s'écria-t-il, nous sommes déjà en retard.

Les mini-bus partirent au pas sur la route sinueuse qui menait à la muraille. Un long cortège de triporteurs poussifs, chargés à la limite du possible de briques en terre cuite, leur ouvrait péniblement le chemin, avec de vieux diesels catarrheux qui vomissaient des écrans de fumées.

Les minibus parvinrent habilement à les doubler pour être confrontés quelques centaines de mètres plus loin à une caravane d'ânes traversant la route d'un pas tranquille, sous la houlette d'un bambin d'à peine dix ans.

La Grande Muraille leur apparut au détour d'un dernier lacet. Le long serpent de pierre courait le long des crêtes, disparaissant de temps à autre derrière une ligne de relief pour resurgir au loin et se perdre à l'horizon. Annie Coulomb semblait fascinée par cette œuvre titanesque d'une colossale inutilité. Les lourds impôts, les corvées obligatoires et les travaux forcés dont les gigantesques chantiers de cathédrales sont les fruits ont été effacés des mémoires. Ici, au contraire, l'architecture simple et dure de conception militaire écrase les visiteurs de ses myriades de pierres dont la magnificence et la démesure ne sont dues qu'à la sueur, au sang, aux douleurs, aux cris et aux coups de fouets qui ont sublimé cet ouvrage inhumain en un hymne démentiel à la tyrannie et à tous les despotes.

– C'est fou, murmura-t-elle, vraisemblablement comme des millions de visiteurs avant elle.

Une petite fourmilière de visiteurs s'activait sur la muraille, de part et d'autre de l'entrée, montant et descendant les marches qui épousaient les reliefs des crêtes.

Leur cicérone agita son drapeau jaune pour les regrouper et les lança dans le flot des visiteurs, à l'attaque pacifique de la muraille. Il choisit la partie gauche du chemin de ronde, traditionnellement la plus fréquentée. Grodaeg en profita pour tirer discrètement Annie vers la partie droite, plus abrupte mais tout aussi pittoresque.

Annie, toujours sous le choc, restait silencieuse. Ils montèrent lentement jusqu'en haut de la tour carrée et massive qui marquait la limite du tronçon de la muraille ouvert au public. L'effort demandé avait décanté la troupe des touristes ; seule une poignée de braves atteignait ce sommet rendant un peu de calme et de sérénité au monument. Annie et Grodaeg se blottirent dans un créneau ouvert au vent glacé, au pied de la tour, face à un immense champ de pierrailles et d'herbes jaunies par le froid.

– Alors, les deux tourtereaux, on essaie de s'échapper ?

Grodaeg sursauta mais reconnut presque simultanément la voix de Hiamat qui les avait discrètement suivis jusque là, respectant leur silence et leur intimité.

– Eh bien, et vous, Monsieur le Consul général !? Votre place devrait être en face avec le groupe !

– Oh ! Je suis comme vous, le jour du quatorze juillet,

je reste dans mon lit douillet. Alors quand je les ai vus partir sur la gauche, je n'ai pas pu me retenir de partir sur la droite. Je suis simplement venu vous prévenir qu'ils sont moins courageux que vous, qu'ils ont déjà commencé leur descente en face et qu'il est temps pour nous de redescendre, si nous ne voulons pas être désignés comme dissidents notoires.

Dimanche 15 heures. Grande Muraille de Chine.
Passe de Ju Yong Guan, route de Badaling.

Chen remonta en maugréant dans sa Beijing Jeep, ordonnant d'un geste de la main au chauffeur de reprendre la route en direction de Badaling. Impossible d'approcher ce maudit policier français. L'essaim de vendeuses ne l'avait pas lâché d'un pouce. Cette première halte aurait pourtant été un endroit idéal, les touristes y étaient beaucoup moins nombreux et la noirceur du tunnel propice pour lui faire son portrait. Il l'avait attendu, l'appareil photo à la main, pour prendre l'instantané le plus noir du siècle. Le harcèlement des marchands les avaient convaincus de faire demi-tour, le laissant tout penaud dans la pénombre en admiration devant des carrés de marbre. Ce n'était pas un pull rouge mais un chapeau vert que ce policier aurait dû porter.

La lourde voiture profita d'un tronçon à deux voies pour doubler les minibus de la mission, manquant d'un cheveu de valdinguer dans le ravin, en tentant d'éviter une colonne de triporteurs archaïques et un troupeau d'ânes en quasi-liberté.

Sitôt à Badaling, Chen se mêla aux centaines de badauds qui erraient encore, malgré l'heure tardive, sur l'esplanade. Les visites finissaient à 16 heures. La délégation allait se heurter pour monter à la muraille au flot des touristes qui en redescendraient. Il lui suffirait de se fondre dans la cohue.

Un léger remue-ménage marqua l'arrivée de la petite troupe sur l'esplanade. L'interprète qui conduisait le groupe s'était armé d'un petit drapeau de couleur jaune qu'il agitait en permanence au-dessus de sa tête pour rameuter ses ouailles.

Chen n'eut qu'à suivre le mouvement, s'appuyant légèrement, très légèrement, sur son parapluie, son appareil photo et une paire de jumelles en bandoulière, il grimpait allégrement les marches irrégulières qui épousaient les reliefs des crêtes. Il remonta un à un tous les membres de la délégation occupés à admirer le paysage ou à se faire photographier. Chen fut surprit de se retrouver dans les pas de l'homme de tête sans avoir rencontré sa victime… Celle-ci était pourtant reconnaissable avec son pull-over rouge.

Chen se retourna brusquement, scrutant attentivement la montée des grimpeurs en contrebas. Où était donc passé ce satané policier, il ne s'était tout de même pas volatilisé? Chen n'arrivait pas à le localiser, il parcourait pourtant, avec ses jumelles, la presque totalité de la muraille. Il s'attarda un instant sur l'autre versant de la muraille.

– Œuf pourri!

Ce Fils de… se pavanait avec sa belle sur la crête opposée. Chen lâcha une bordée de ses plus beaux jurons et dévala aussi vite qu'il le put les marches en sens inverse. Il remonta ensuite, à bout de souffle, une bonne partie des marches opposées, cherchant un endroit idoine pour croiser Grodaeg à sa descente.

Il choisit une tour de garde intermédiaire que Grodaeg devait traverser sur le chemin de son retour. Il ne se rendrait compte de rien… Une petite photo à la base du cou en sortant de la tour… et tout serait joué… Arrêt cardiaque assuré. Il posa son parapluie contre la muraille et s'adossa à la paroi de la tour, cherchant à reprendre son souffle.

Un premier Français sortit tout d'abord, accompagné de Madame Coulomb qui semblait subjuguée par son bagout. Grodaeg apparut à son tour, il s'arrêta un instant au seuil de la tour, respirant à pleins poumons en s'accompagnant de grands mouvements de bras. Cet imbécile ne pouvait s'empêcher de faire le pitre.

Chen le laissa passer devant lui et arma son appareil. La nuque se dessina nettement dans l'objectif… Il ne lui restait plus qu'à déclencher l'obturateur…

Une main lui tapota l'épaule, lui faisant l'effet d'une décharge électrique.

– Vous oubliez votre parapluie.

Surpris, Chen en oublia d'appuyer sur le déclic. Lao Wang se tenait à son côté, un long fume-cigarette à la bouche.

Chen n'eut pas le loisir d'analyser l'incongruité de la situation, il ressentit une légère piqûre au cou. Son corps se paralysa, emprisonnant ses poumons dans un étau de fer. Il emmena avec lui l'image du sourire de Lao Wang... pour l'éternité... Un aller sans retour vers les sources jaunes.

Dimanche 16 heures. Grande Muraille de Chine.
Passe de Badaling.

Annie, Hiamat et Grodaeg atteignirent les cars presqu'en même temps que le reste du groupe. Mais cette fois-ci, ils furent happés par Despierre :

– Ne soyez pas timides. Nous avons de la place dans notre car. Nous avons besoin de votre science et de vos expériences. Accepterez-vous de vous joindre à nous ?

Grodaeg sourit, c'était si gentiment demandé, ce ne serait pas très aimable de refuser. Sitôt assis, Hiamat, revigoré par cette promenade au grand air, se lança dans une conférence sur la Chine des Song à la veille de l'invasion mongole et sur l'inutilité des murailles, face aux hordes barbares.

– Ce n'était d'ailleurs pas tout à fait des barbares, ajouta Beaumainate, n'ont-ils pas laissé intacte la Capitale Kaifeng lorsque la dynastie est tombée ?

– C'est presque ça… à la petite nuance près que Kaifeng a bien été rasée mais que ce n'était déjà plus la capitale. Le nouvel empereur s'était réfugié à Hangzhou… ville qui comme vous auriez pu le mentionner n'a pas été détruite.

– Pensez-vous que nous puissions faire un rapprochement avec ce qui pourrait se passer avec Hongkong où Taïwan ? persévéra Beaumainate.

Hiamat prit un air consterné.

– Personne ne vous empêche de faire des rapprochements entre des pommes et des cacahuètes, mais je ne sais pas si cela vous mènera très loin. Les Mongols du XIIIe siècle sont quand même différents des Chinois d'aujourd'hui. Je ne les vois tout de même pas raser Hongkong après que le Gouvernement de sa très gracieuse Majesté se sera replié sur Londres. Par contre, si vous voulez me faire dire que la situation à Hongkong comme à Taïwan peut se dégrader rapidement, il n'est nul besoin de prendre l'exemple de la chute de la dynastie Song.

Fites s'échauffait... Les idées de Hiamat ne collaient pas vraiment avec les analyses lénifiantes qu'il écrivait lui-même sur la Chine, dans un grand hebdomadaire.

– Je ne vois pas, Monsieur le Consul général, de raisons profondes pour que ce transfert de souveraineté ne se passe pas dans les meilleures conditions : on observe, bien entendu, de légères divergences de vues mais il est de l'intérêt des trois intervenants que tout se déroule dans le meilleur climat. Je ne m'étendrai pas sur l'intérêt des gens de Hongkong qui me paraît évident. Les Anglais pour leur part font le maximum. Il est vrai qu'ils ne sont pas franchement aidés par ce gouverneur un peu loufoque et les Chinois, pourquoi tueraient-ils la poule aux œufs d'or ?

Hiamat contre-attaqua aussitôt :

– Vous le dites vous-même, Monsieur le Ministre, poule aux œufs d'or. C'est bien le mot qui vous est venu à l'esprit lorsque vous avez pensé à Hongkong. Pour quelle raison ? Ce n'est nullement à cause de sa prétendue richesse ou de sa superbe rentabilité, c'est parce qu'inconsciemment vous avez anticipé le dénouement de l'histoire. La poule aux œufs d'or dans l'esprit de tout un chacun, c'est avant tout une poule à qui l'on tord le cou... bêtement, je vous l'accorde... mais à qui l'on tord quand même le cou. Le fait de pondre des œufs en or ne fait que renforcer la bêtise de l'acte. Croyez-vous vraiment que les Chinois se sentent tenus de respecter un ordre des choses né d'une humiliation absolue ? Les accords récemment signés entre la Chine et le Royaume-Uni n'étaient que les pendants du bail emphytéotique arraché à la Chine il y a de cela une centaine d'années, qui est resté pour l'ensemble des

Chinois l'avanie suprême. Reconnaître comme valides les accords signés par Madame Thatcher reviendrait pour la Chine à reconnaître aux précédents une certaine valeur. Aucun gouvernement chinois ne le pourra jamais. Trahir tous ces traités, c'est laver l'affront. Quant à la prétendue façade de démocratie et au système de gouvernement que les Anglais ont mis en place dans cette colonie, pourquoi voulez-vous que les dirigeants chinois les respectent? Quand la police découvre une cache d'objets volés, le receleur a rarement son mot à dire. Vous le voyez en train de conseiller à l'ancien propriétaire de conserver les étagères?

Quant à la question de Taïwan, la France a nié son existence pendant trente ans. Elle découvre maintenant, horrifiée, qu'il pourrait y avoir un problème de réunification, qu'un jour, la Chine décide de tenter une aventure militaire. Qui pourrait l'en empêcher? La Chine a appris à se ficher de ce que peut penser la soi-disant communauté internationale! L'idée peut être tentante pour un gouvernement aux abois de mobiliser sa population autour d'une grande cause nationaliste; réunifier la mère patrie! Qui pourrait s'y opposer? Cependant, je vais vous dire ce que je pense : la décision de se lancer dans cette aventure douteuse ne serait qu'un aveu de faiblesse et ne ferait que retarder la chute de ce régime. Car c'est bien de fin de régime dont il est à présent question; le communisme est mort pendant la Révolution Culturelle, le Parti et sa police se sont noyés dans la corruption; l'armée, cet autre pilier de l'édifice, a fini par perdre sa référence populaire dans le bain de sang de Tiananmen!

Que reste-t-il aujourd'hui, en Chine, qui permette la survie de ce régime? Une croissance économique à deux chiffres et son cortège de rêves de richesses, une bureaucratie multi-millénaire. Voilà les deux seuls atouts restants. Imaginez une crise économique, est-ce bien utopique ? Vous n'aurez alors plus aucun moteur dans ce pays, rien qu'une bureaucratie orpheline à la recherche d'une âme ! Vous verrez que ce jour-là le modèle taïwanais sera le seul recours acceptable. Il est né aux mêmes sources que la République Populaire ; le vieux Sun Yatsen est vénéré des deux côtés... il est cent pour cent chinois... il a plutôt bien réussi de l'autre côté du détroit. Ne craignez rien pour Taïwan : c'est l'avenir de la Chine !

Fites ne put s'empêcher de hausser les épaules.

– Mais pourquoi pas, Monsieur le Ministre ? Est-ce vraiment plus idiot que de penser que la Chine va continuer sa croissance annuelle de plus de dix pour cent sans jamais s'arrêter ? Sauf votre respect, les occidentaux n'ont jamais rien compris à la Chine ou plutôt ont toujours refusé de la voir telle qu'elle est. C'est le vieux syndrome périœcien, c'est-à-dire qui se rapporte aux habitants de la terre vivant sur la même latitude mais de l'autre côté de l'hémisphère. Vous comprenez, les Chinois n'ont jamais été des êtres à part entière, ils ont été avant tout pendant des siècles nos envers, le miroir de tous nos fantasmes, l'exutoire de toutes nos angoisses.

Hiamat n'en finissait pas de se défouler. Grodaeg ne s'était jamais autant amusé. Quelle verve ! Beaumainate, pourtant toujours si prompt à déblatérer, s'était tassé sous les assauts et ne réagissait plus. Hiamat avait le courage de ses opinions et le courage était justement ce qui faisait le plus défaut à Beaumainate. Sa faiblesse l'avait convaincu qu'il était toujours préférable de pousser ses idées dans le sens de la pente et jamais contre le vent. Que voulez-vous... il ne fallait surtout pas déplaire à ses bons amis chinois qui risquaient de ne plus l'inviter ou à ces bons politiciens qui le faisaient vivre. De compromis en compromissions, il en était arrivé au faux témoignage, tout simplement !

Fites, dédaigneusement, s'était désintéressé de la conversation pour s'entretenir de choses sérieuses avec Despierre. Hiamat se calma petit à petit et repartit dans une grande discussion sur la gastronomie avec Grodaeg à qui il détailla ses dernières expériences, testées dans le laboratoire culinaire du sous-sol de son consulat : Pour obtenir un bon teppanyaki, il faut que la plaque atteigne le point d'incandescence ; sinon votre viande risque de bouillir plutôt que de se saisir. Intarissable, Hiamat était vraiment intarissable !

Grodaeg se retrouva devant son hôtel sans même avoir eu le temps de s'en apercevoir. Sa tête résonnait encore d'inscriptions tangoutes et phagspa, de Taïwan reconquérant le continent et de sauce teppanyaki.

Hiamat était, de son côté, loin d'être épuisé :

– Je fais un saut jusqu'à l'ambassade pour rassurer l'ambassadeur de votre bonne tenue tout au long de cette promenade, lui dit Hiamat, je ne repars que demain après-midi. Si vous êtes libre pour la soirée, pourquoi ne pas organiser une réunion extraordinaire de notre association ? Je voudrais en profiter pour goûter la cuisine d'un restaurant taïwanais qui a ouvert à l'hôtel Zhaolong ; c'est une filiale du restaurant des Feuilles vertes à Taipei ; j'aimerais bien voir ce qu'il vaut réellement.

Grodaeg sauta sur cette idée et promis de sonner le rappel des autres membres. Ils prirent congé et Hiamat sauta dans un taxi.

Dimanche 17 heures.
Hôtel Jingguang.

– Tu viens m'aider à me réenregistrer ? lui demanda Annie.

Grodaeg la regarda sans comprendre.

– Tu n'as plus ta chambre à la résidence ?

– L'ambassadeur m'a fait gentiment comprendre que l'affaire étant maintenant résolue et l'assassin sous les verrous, mon séjour au sein de la résidence n'avait plus vraiment lieu d'être.

– Quel imbécile ! ne put s'empêcher de s'écrier Grodaeg. Comme s'il comprenait quoi que ce soit à la situation ! Si tu le veux bien, restons groupés ; on ne sait jamais ce qui peut encore advenir. Pourquoi ne pas partager ma chambre encore quelques nuits ?

Annie le dévisagea en souriant, une pointe de moquerie au coin des lèvres.

– Je n'accepte que si ta proposition est purement désintéressée.

Grodaeg prit un air indigné :

– Pour qui me prends-tu ? Comment as-tu pu un seul instant imaginer que je pourrais lâchement profiter de la situation pour t'attirer dans un piège aussi vil ? Me considérerais-tu comme un dépravé ?

Grodaeg avait fait de réels effort pour paraître outragé, Annie préféra éclater de rire.

– C'est d'accord. Je te fais confiance mais à une seule condition ; je veux sentir le bouclier de ton corps tout au long de la nuit !

– C'est promis !

Annie partit chercher ses bagages qu'elle avait déposés à la consigne de l'hôtel.

Une fois dans la chambre, Grodaeg la laissa s'installer et

en profita pour appeler Briquet ; le mariage de sa cousine s'était bien déroulé et il attendait d'un instant à l'autre la liste de mariage. Il lui proposa de passer le lendemain à 9 heures à son bureau, s'il voulait participer à l'achat d'un cadeau. Grodaeg le félicita chaleureusement et raccrocha.

En clair, le raid sur l'entrepôt avait eu lieu et Briquet ne devrait pas tarder à être informé des premières constatations faites sur place. Il invitait donc Grodaeg à son bureau le lendemain matin pour faire un premier point sur l'évolution de la situation.

Grodaeg avait hâte de comprendre un peu mieux la trame des derniers événements. Il savait par expérience qu'il n'apprendrait sur place que ce qu'on voudrait bien lui laisser apprendre et, par conséquent, attendait beaucoup de cette opération lancée en France.

Quitte à ronger son frein, autant opter pour un frein appétissant. Il sortit son petit calepin magique et appela Quatsous et Cochisi. Il n'eut pas trop de mal à les convaincre de l'importance de cette assemblée extraordinaire. Les mousquetaires allaient se réunir, les gardes du cardinal n'avaient qu'à bien se tenir.

Cochisi passa les prendre à 19 heures précises. Il était déjà un peu tard pour un dîner chinois mais les restaurants d'hôtel s'étaient habitués aux mauvaises habitudes de leur clientèle et acceptaient de servir jusqu'à 9 ou 10 heures du soir.

Fait rarissime, personne n'était en retard ; Hiamat et Quatsous s'étaient même déjà attablés, dans un coin du restaurant, devant deux chopes de bières et multitude de petits amuse-gueule.

– Vous gênez pas ! Commencez sans nous, attaqua Cochisi.

Son ton faussement courroucé n'eut pas l'air de déstabiliser Quatsous :

– Depuis que Grodaeg est en ville, on ne sait jamais ce qui peut arriver. Cela serait trop triste de mourir le ventre vide, nous avons préféré ne pas prendre ce risque. Tu pars quand à l'aéroport ? ajouta-t-il en se tournant plus précisément vers Grodaeg.

– Je ne sais pas. Je n'ai pas encore décidé ; dans deux ou trois jours, je pense… Pourquoi ? Ma présence t'importune ?

– Non ! Ce n'est pas ça mais si tu fais 72 morts rien qu'en allant réserver un billet de train, on préférerait ne pas être là quand tu prendras ton avion. C'est déjà plus que courageux de notre part d'avoir accepté cette invitation, ça n'a pas vraiment réussi à la pauvre Denise. Il paraît qu'il existe des chamans capables de voir derrière chaque personne les âmes des morts qui la suivent. À mon avis, derrière toi, ça va bientôt ressembler à Nation-République les jours de manif.

– Que dit Chine-Nouvelle de la tuerie de ce matin ?

– Rassure-toi, elle ne parle pas de toi… moi non plus, d'ailleurs dans l'article que je viens de faxer à Paris. Non non, ne me remercie pas, reste assis. D'après Xin Hua, c'est un militaire dément, récemment démobilisé, qui n'a pas accepté son reclassement social… Ça a fait un foin terrible ! On ne parle que de ça partout. Il a bousillé deux diplomates de sa Majesté, par dessus le marché. Major a envoyé un télégramme pour faire part de son émoi. La gare est restée fermée toute la journée ; ça a foutu un bordel sans nom dans tout le centre ville. Les rumeurs les plus folles courent ; on dit que cela pourrait être un règlement de compte entre les membres de la municipalité touchés par le récent scandale de corruption. La police entoure la mairie par crainte d'une émeute. Je ne te parle pas de la rumeur de la mort du vieux Deng qui a été annoncée deux fois dans la journée. Tu devrais venir plus souvent ; avec toi, on s'ennuie vraiment pas ! Tu as d'autres tuyaux à me refiler ?

– Je n'en sais malheureusement pas plus que toi, lui mentit effrontément Grodaeg, Sternant pense que l'algarade de la gare est un horrible malentendu.

– Son Excellence l'hagard-agha, comme tu dis, n'a pas plus de cervelle qu'un pot de gelée. Son meilleur fait d'arme a été d'inviter Mireille Mathieu à déposer une statue de cire de De Gaulle sur la Grande Muraille. Je suis sûr qu'il n'a appris que ce matin qu'il y avait une gare à Pékin ! Tu nous as pas invités à dîner pour nous servir une décoction pareille ! Tu ne vas pas prétendre que tu étais avec Huang à la gare à 7 heures du mat uniquement pour faire du tourisme. On veut un scoop et tu ne partiras pas d'ici sans nous l'avoir filé !

Grodaeg s'était attendu à cette réaction et avait décidé de donner le change afin d'éviter d'autres fuites plus compromettantes.

– Pour la gare ce matin, je ne sais sincèrement pas ce qui a pu se passer et si cela a un quelconque rapport avec l'affaire de ce pauvre Fournier. Le fait que la fusillade se soit déclenchée en notre présence est évidemment assez troublant. Je t'ai apporté la liste des détenteurs des comptes litigieux et une copie du dossier incriminé... Bien entendu, tu me promets de garder tes sources d'information secrètes.

Grodaeg lui tendit une liasse de documents. Quatsous jeta avidement un coup d'œil sur la première feuille. Son visage se décomposa sous l'effet conjugué d'une stupeur non feinte et d'une jouissance difficile à dissimuler.

– Je retire ce que j'ai dit. Je ne sais pas pourquoi ça a fait sauter la gare ! Mais ce qui est de sûr, c'est qu'il y a de quoi faire sauter toute la municipalité ! Le Maire en tête ! Cette liste vaut bien un dîner !

– Et nous, on sent le gaz ou on est trop jeune ? s'écria Cochisi en tentant de s'emparer de la liste.

– À une seule condition, lui dit Quatsous, en esquivant prestement l'attaque, vous me laissez mon scoop !

– On va pas te le bouffer ton scoop, eh, pingouin ! qu'est-ce que tu veux qu'on fasse d'un message COFACE ?

– Quel message COFACE, sursauta Annie, se sentant visée.

– C'est toi qui paies la tournée ! s'écrièrent-ils en chœur.

Annie, interloquée, attendait une explication. Grodaeg vint à sa rescousse :

– Message COFACE, massage qu'aux fesses… c'est une contrepèterie. Dans l'Association, la règle est que celui qui se fait planter sur une contrepèterie paie le pot général.

– C'est quoi votre association ?

L'Association des Amis de l'Amiral, l'AAA. – 3A pour ne pas les confondre avec les 5A qui ne sont que des andouilles aussi célèbres. Son but est triple. Coter les meilleurs restaurants de la ville, en organisant de temps en temps de bonnes bouffes, sauvegarder la mémoire de ce grand amiral que fut Courbet et contribuer à l'extermination des pandas.

– Je ne connais pas Courbet et pourquoi voulez-vous exterminer les pandas ?

– Elle connaît pas Courbet, s'écria Cochisi, l'air effondré.

– J'ai peur qu'elle ne soit obligée de payer une deuxième tournée, renchérit Hiamat.

Grodaeg se lança à son secours.

– C'était le commandant en chef de la campagne de Chine en 1885, responsable de la politique des gages, décidée par le gouvernement d'alors. On lui doit notoirement, grâce à ses célèbres canonnières, la destruction des principales place fortes maritimes du sud de la Mer de Chine… qui avait été construites, soit dit en passant, par des ingénieurs français… et un siège de Keelong au nord de Formose qui restera un exemple de l'inanité des décisions politiques et de l'absurdité de l'héroïsme militaire. Son souvenir s'effaçant graduellement des mémoires, nous nous réunissons périodiquement pour ranimer cette flamme et commémorer dignement cette glorieuse page d'histoire qui a su si bien associer l'ineptie à la bravoure.

Les trois autres mousquetaires se dressèrent comme un seul ivrogne, émus par cet éloge poignant et trinquèrent à la santé de leur héros, en s'accompagnant d'évohé enthousiastes.

Annie les observait abasourdie, ne comprenant pas comment ces dignes représentants respectables et respectés de la communauté d'affaires pouvaient ainsi se métamorphoser en collégiens prêts à former le monôme.

– Et les pandas ? Qu'ont-ils à voir dans tout cela ?

– Les pandas sont les plus nuisibles des animaux ; ils sont l'équivalent du sida de la faune animale, masquant leur dangerosité sous des aspects cajoleurs et inoffensifs.

La meilleure des preuves est la preuve par l'absurde : trouve-nous un seul con ou un seul politicien, quoique le second groupe soit probablement un sous-groupe du premier, qui ne soit pas pour la sauvegarde des pandas ?

Voilà déjà, tu l'avoueras, un argument de poids ! Mais, si tu doutes encore, voici un argument syllogistique irréfutable : sais-tu que pour sauver les quelques pandas qui restent, on dépense des milliers de fois plus de fonds que pour l'éradication de la lèpre dans le monde ?! De cette constatation simple et sans contradiction possible, dérive une proposition corollaire : Il serait amoral de sauver des pandas quand on laisse mourir des enfants de la lèpre. Tu es d'accord? Il faut donc soit guérir la lèpre soit exterminer les pandas. Or, comme tu peux le constater, rien n'est entrepris pour réellement faire disparaître la lèpre... donc... il faut exterminer les pandas! CQFD.

Les trois autres joyeux drilles s'étaient, tout au long du discours, mués en membres du parlement anglais, approuvant lourdement chaque proposition du sophisme par des yéaaa appuyés de graves mouvements de têtes et ovationnant bruyamment la conclusion finale.

Heureusement pour Annie, les plats que Hiamat avait commandés au préalable arrivaient sur la table et chacun des prétendants Lucullus s'activa à commenter, disséquer, comparer, analyser les moindres saveurs et les différentes consistances. Le tout arrosé de brillantes interventions de Hiamat et de Quatsous qui, tous deux très en forme, se disputaient les meilleures références à des faits historiques, des coutumes anciennes ou des plats similaires d'un bout à l'autre de la planète.

Hiamat fut obligé de répéter à ses amis ses sorties fumeuses de l'après-midi entraînant le petit groupe dans des débats virulents sur les questions de Hongkong et de Taïwan. La reconquête du Continent par Taïwan fut chaleureusement applaudie, sans pour autant négliger les plats qui continuaient à être servis.

Le verdict final fut toutefois sévère : le restaurant ne valait pas sa maison-mère. Il ne lui fut accordé qu'une note de 12, au Go-et-Mao, équivalent tout de même à une Chine-toque au guide Mandarin.

Les derniers clients avaient depuis longtemps déserté le restaurant et le personnel balayait ostensiblement autour des tables aux alentours, l'intensité des lumières baissa d'un coup : la moitié des lampes venaient d'être éteintes.

– Levons le camp, proposa Grodègue, même Courbet a accepté de lever le siège de Keelung; il n'y a donc aucune honte à ce que nous battions en retraite.

La pétarade les surprit au milieu des embrassades. Les coups de feu étaient tirés à bout portant.

Sans prendre le temps de réfléchir, Grodaeg bondit sur Annie Coulomb, la couchant sur le sol et la protégeant de son corps, s'attendant à être touché à tout moment.

Aucune balle ne les atteignit, Grodaeg releva la tête.

Quatsous, Hiamat et Cochisi les observaient, les bras croisés, l'air perplexe…

Dans le même temps, Grodaeg réalisa son erreur. Un mariage fêtait la fin du repas de noces, un long rouleau de pétards se tortillait sous l'effet des amorces qui pétaient une à une.

– Je vous l'avais bien dit… C'est une bête! s'écria Quatsous en dodelinant de la tête.

– Il aurait quand même pu attendre encore quelques instants, continua Cochisi avec un air dégoûté.

– C'est vrai qu'il y a des hôtels pour ça! dit Hiamat outré.

Grodaeg releva Annie en se confondant en excuses. La petite séance du matin lui avait laissé des séquelles.

Ils terminèrent leurs adieux et chacun partit dans sa direction. Annie et Grodaeg hélèrent un taxi pour regagner leur hôtel. Grodaeg avait besoin d'une bonne douche et de beaucoup de repos. Il se sentait néanmoins l'humeur guillerette. Arrivé devant la porte, il passa en revue toutes ses poches pour retrouver la clé de la chambre. Annie l'observait légèrement anxieuse. Grodaeg s'approcha d'elle, l'air inquisiteur et par un tour de passe-passe, il fit mine de retrouver sa clef dans l'oreille d'Annie.

Elle prit un air consterné :

– C'est pas possible! Je crois bien qu'on ne m'a pas fait ce coup-là depuis le lycée.

Grodaeg partit d'un grand éclat de rire : Tu vois! tu rajeunis grâce à moi!

La chambre était en ordre et le voyant des messages éteint. Tout allait donc pour le mieux dans le meilleur des mondes. Grodaeg qui avait l'impression, et peut-être n'était-ce pas qu'une impression, de puer la bière, se dépêcha de courir sous la douche.

Au bout de quelques instant, Annie vint le rejoindre, en tenue de douche. Grodaeg sentit qu'il ne pouvait cacher ses sentiments. Malgré l'étroitesse de la cabine vitrée, Annie gardait les yeux fixés sur le baromètre des désirs et appréciait la montée des hautes pressions.

Gêné, Grodaeg la força à se retourner en commençant à lui frotter le dos.

– Et maintenant, Monsieur le prestidigitateur, vous seriez encore capable de faire sortir la clé de mon oreille? lui demanda-t-elle malicieusement.

– La clé, non! lui répondit Grodaeg jamais à court, mais regarde bien, continua-t-il dans son dos, tu sens mon doigt? Hé bien pourtant, regarde! s'écria-t-il en lui faisant tournoyer ses deux mains, comme des marionnettes, devant les yeux.

Annie éclata de rire, ce qui eut pour conséquence d'accentuer la pression du doigt.

– OK! lui dit-elle, en se retournant vers lui et en reprenant son souffle, je crois bien que j'aimerais connaître quelques-uns de tes tours.

Les travaux pratiques qui suivirent écornèrent une bonne partie de la nuit et Grodaeg eut encore l'impression d'avoir à peine dormi quand la sonnerie du téléphone le réveilla le lendemain matin.

Lundi 28 octobre, 8 h 40.
Siège du ministère de la Sécurité publique.

Le vice-ministre Kao aspirait par petites lampées son thé brûlant. Peng, assis face à lui, tenait sa tasse des deux mains pour se réchauffer.

– Hu s'est semble-t-il surpassé. Kao parlait d'une voix uniforme, les yeux dans le vague. Il n'a pas cessé de nous accuser d'être responsables des derniers incidents, clamant la parfaite innocence de ses services et invoquant la machination à tout bout de champ. Il n'a pas vraiment convaincu mais tant que les trois derniers membres du Bureau permanent n'auront pas choisi leur camp, aucune décision ne pourra être prise, d'un côté comme de l'autre. Cet équilibre ressemble de plus en plus à une paralysie du pouvoir. Il serait temps qu'une réelle direction s'installe, le statu quo actuel risque de nous conduire à court terme au désastre. Pour cela, il va nous falloir autre chose qu'une liste de victimes... aussi impressionnante soit-elle... De nombreux informateurs nous ont parlé de la préparation de l'opération Légitimité. Avons-nous du nouveau là-dessus ?

– Rien, Monsieur le Ministre. Nous commençons à identifier une partie des membres de cette opération mais nous n'avons toujours rien de précis quant à son contenu exact. Même Wang, le dernier transfuge de chez Chou, ne sait rien à ce sujet. Le secret est également bien gardé au sein de leur organisation. Wang n'avait accès qu'à la préparation de l'opération Réunification.

– Qu'est-ce qui ne vous dit pas que Wang n'est pas une taupe introduite dans nos services ?

– Le risque existe et nous restons vigilants, mais nous l'avons testé hier, pour contrer l'attentat contre le policier français. Il a lui-même éliminé l'homme de main que Zhou avait lancé contre ce policier.

– Je croyais votre Wang viscéralement opposé au meurtre fratricide. Qu'est-ce-qui nous a valu l'honneur de ce revirement ?

– Wang se sent en partie responsable de la mort de Tang. C'est lui qui l'a mis le premier hors-circuit, et puis la tuerie d'hier lui a ouvert les yeux. Dans tous les cas, soyez rassuré, il n'a accès à aucun renseignement de première importance. Il avoue d'ailleurs n'être qu'un piètre politicien et vouloir se cantonner à des actions directes pour lesquelles il a été formé.

– Où comptez-vous diriger vos recherches ?

– Nous allons continuer à surveiller les faits et gestes des hommes de Hu et de Chou. Ils finiront bien par faire une petite erreur qui nous mettra sur une piste. Je vais également tenter de recontacter nos amis français. Nous avons intercepté, tôt ce matin, un message des Affaires étrangères. Notre ambassade en France a signalé l'arrestation, dans le sud de la France, de deux compatriotes. Le Wai Jiao Bu crie comme un putois car les deux personnes arrêtées se réclament du statut diplomatique. Les Affaires étrangères en profitent pour relancer leur vieux débat. Elles souhaitent qu'on cesse de donner une couverture diplomatique à tous les fonctionnaires en vadrouille et surtout sans les en avoir informés au préalable.

D'après le rapport de l'Ambassade, il s'agirait d'une banale affaire de trafic… à quelques exceptions près… Un de mes agents s'est livré à un travail de recoupage de routine. Le résultat est intéressant. Ce sont deux hommes de l'entourage de Hu et le trafic concerne l'opération Réunification.

Kao releva la tête, le regard interrogateur.

– Vous savez bien que cette opération implique l'importation de certains équipements sensibles, nous savions dès le départ que cela comportait certains risques.

– Vous avez raison mais nous ne devons négliger aucune piste. Peut-être est-ce le petit défaut de la cuirasse que nous

recherchons. Le message est arrivé par fax… un des paragraphes, qui fait référence à l'opération en cours, montre clairement une correction sur le mot Réunification, comme si le rédacteur avait inscrit un autre mot et qu'un correcteur l'avait ensuite rectifié. De plus Hu fait des pieds et des mains auprès des Affaires étrangères pour récupérer ses gars. Il n'est pourtant pas du genre à se préoccuper du sort de la piétaille.

Kao acquiesça d'un petit mouvement de tête.

– Faites pour le mieux, mais gardez bien à l'esprit qu'il est urgent d'apporter des preuves plus tangibles pour coincer Hu et sa bande et tant que nous ne comprendrons pas ce qu'il manigance…

Kao se leva pour se resservir une rasade d'eau bouillante. Peng en profita pour prendre congé. Il avait encore beaucoup à faire.

Lundi 9 h 30.
Ambassade de France en Chine.

Dhonneur, Cochisi et Mike sirotaient un café fumant autour du bureau de Briquet. Ils se levèrent à l'arrivée d'Annie et de Grodaeg.

La secrétaire apporta deux chaises supplémentaires et referma soigneusement la porte.

Briquet attaqua aussitôt :

– Je reprends au début pour Annie et Grodaeg. Il a été décidé en haut lieu que nous travaillerons, à partir de maintenant, de concert avec les services américains sur cette affaire. D'où la présence de Mike parmi nous ce matin.

Je suis resté en contact avec Paris presque toute la nuit. Le raid sur l'entrepôt s'est parfaitement déroulé. L'effet de surprise a été complet. Nous avons eu la chance de tomber en plein contrôle de la livraison, avant paiement ; il y avait sur place huit personnes dont deux ressortissants chinois venus spécialement pour réceptionner le matériel. Les deux ont un statut diplomatique. Il y a eu une petite tentative de résistance. Deux des personnes présentes ont été blessées dont un des Chinois. Le matériel prêt pour la dernière livraison a été récupéré intact ainsi que tout un tas de documents. Je vous passe les détails pour aller directement à l'essentiel : nous sommes tombés sur la plaque tournante d'un énorme trafic de matériel et d'équipements de très haute technologie, secret-défense, interdit à l'exportation, de toutes sortes et pour de nombreux pays, Chine incluse.

Le dernier contrat, celui qui nous préoccupe, a servi de couverture pour livrer non seulement du matériel sensible militaire mais surtout un réacteur chimique extrêmement sophistiqué qui permet de fabriquer un gaz de combat de la dernière génération, un dérivé du VX. C'est un neurotoxique extrêmement virulent même à des doses infimes. Il bloque l'action de la cholinestérase. Celui qui en respire meurt de contractions musculaires en quelques secondes. Son principal avantage sur le VX classique est qu'il se dégrade en moins d'un quart d'heure, en composés non toxiques, permettant d'investir les positions ciblées rapidement et sans risque. C'est une petite trouvaille de nos amis américains que nous remercions en passant. La fabrication de ce gaz est rigoureusement interdite par la Convention d'Interdiction des Armes Chimiques de 1993. De plus, il est excessivement difficile à fabriquer, il fait appel à des catalyseurs très spéciaux et à des équipement assez particuliers. Nos amis chinois n'ont pour le moment reçu qu'une partie des équipements. Les premiers interrogatoires laissent penser qu'ils n'ont encore ni la formule exacte du gaz ni, et c'est le plus important, sa méthode de fabrication. Ces documents devaient être livrés lors du dernier paiement... pour plus de sûreté.

Néanmoins, un échantillon bigrement inquiétant est sur mer, avec l'avant-dernière livraison ; il s'agit d'un container de ce gaz, chargé dans des roquettes autopropulsées utilisables dans des lance-roquettes classiques. Je ne me trompe pas, Mike, je parle sous votre gouverne. Le gaz se présente sous la forme de deux produits qui, pris indépendamment, sont inoffensifs. Le premier est dans le corps de la roquette, le deuxième dans la tête qui n'est vissée qu'au dernier moment pour éviter toute erreur de manipulation. Les deux produits se mélangent au moment de l'explosion.

L'analyse de ce gaz pourra donner à nos amis chinois sa formule exacte mais pas la façon de le stabiliser, excepté le fait que, lorsqu'on connaît le but à atteindre, il est toujours possible de progresser par tâtonnements. Le risque est là et il semblerait que les États-Unis ne soient pas excessivement désireux de voir cette technologie de pointe tomber entre les mains des Chinois pour ensuite circuler trop librement. Les diplomates interpellés lors du raid refusent de parler et font jouer leur immunité diplomatique, arguant du fait qu'ils auraient été attirés dans un piège et criant au complot international contre la Chine. Nous serons sans doute obligés de les relâcher dans peu de temps.

Leurs *compradors* français sont bien plus loquaces. Ils ne connaissent pas tous les tenants et aboutissants de cette affaire côté chinois ; côté occidental, les documents saisis et les témoignages qui s'accumulent devraient déboucher rapidement sur de multiples arrestations. Il s'agit du plus grand réseau international d'espionnage, d'influence, de racket, de corruption, auquel l'Occident ait jamais été confronté. Les complicités militaires, politiques, industrielles sont innombrables.

L'hypothèse qui se dessine est qu'il pourrait s'agir de la reconversion de toute une partie du secteur ouest du KGB qui aurait fait l'objet d'une OPA de la part d'une organisation de nature maffieuse jusqu'alors discrète. Les ramifications touchent toute l'Europe de l'ouest et remontent jusqu'aux États-Unis.

Toute la CIA, la DGSE, le MI5 j'en passe et des meilleures, bref… tout le monde est sur le pied de guerre. Nous avons mis à jour la plus belle termitière du siècle. Benoît va se suicider quand il va rentrer de vacances.

Benoît était le permanent de la DGSE, en poste à Pékin ; le pauvre avait justement choisi cette période pour prendre quelques jours de repos. Il s'était joué le Désert des Tartares en plus beau. Briquet, quant à lui, était euphorique et incapable de cacher son excitation.

– Comment se sont-ils procuré ces roquettes à gaz rare ? demanda Dhonneur à la ronde.

Mike se sentit visé et lui répondit :

– Elles ont été dérobées durant un transfert, il y a un peu plus d'un an. Nous avions alors concentré nos recherches sur les réseaux du Moyen-Orient. Le Mossad avait eu vent de l'affaire et nos relations commençaient à s'envenimer. Nous sommes en quelque sorte partiellement rassurés de les savoir sur ce navire chinois.

– Avons-nous une idée de ce que comptaient en faire les Chinois ?

Briquet fit une moue :

– Les interrogatoires se sont surtout focalisés sur les réseaux occidentaux à démanteler en priorité. Le travail est énorme, il faut essayer d'accumuler le maximum de preuves avant qu'elles ne disparaissent. Néanmoins, l'un des responsables de cette société était un bon ami de Denise Goulet et n'a pas apprécié sa disparition. Comme de toute façon son business semble plus que compromis, il n'hésite pas à cracher le morceau. Il a cru comprendre que l'usine faisait partie d'un plan de reconquête de Taïwan mais que les roquettes étaient destinées à un autre objectif… de la consommation intérieure, pour une prétendue opération Légitimité. Il n'en savait pas plus, il surveillait, à tout hasard, les communications de ses invités chinois. Il photocopiait, entre autres, tous leurs fax et enregistrait leurs communications téléphoniques. J'ai reçu la photocopie de documents envoyés et reçus par l'équipe de Chinois sur place ; cela ne nous avance pas énormément : tous les messages sont codés. Je sais que nos amis américains travaillent déjà à découvrir le code, nous saurons peut-être un jour ce que complotaient les Chinois.

La secrétaire pénétra dans le bureau avec un message qu'elle remit à Briquet.

– C'est pour toi, Grodaeg ! Peng te cherche. Il est dehors dans sa voiture.

– Qu'est-ce que je fais ? Je vais le voir ?

– Aucune raison pour l'éviter. Charcute-le un peu, nous sommes maintenant en meilleure position. Ils doivent désormais savoir que nous savons, ça devrait être plus drôle.

Une énorme limousine noire aux vitres fumées stationnait devant la porte de l'ambassade. Peng était assis sur la banquette arrière. Grodaeg déplia un des strapontins appuyés sur le dossier du siège avant et s'installa face à lui.

– Vous êtes venu m'annoncer votre promotion comme Ministre ? lui dit Grodaeg en sifflotant d'admiration devant le luxe de la voiture.

– Je vais être franc avec vous, Monsieur Grodaeg continua Peng. L'enquête sur la mort de ce pauvre Monsieur Fournier nous a apporté plus de questions que de réponses.

Grodaeg resta silencieux.

– Nous avons été confrontés à des problèmes internes qu'il m'est impossible de vous dévoiler. Vous m'avez fait vous-même quelques cachotteries, votre rendez-vous manqué, à la gare, a très mal tourné. Soit dit en passant, vous pouvez remercier mes hommes d'avoir été là ; ils vous ont sauvé la vie. Plusieurs autres n'ont pas eu cette chance.

Grodaeg ne cilla pas ; le puzzle était maintenant presque complet. Quant à le remercier de l'avoir sauvé d'un de leurs règlements de comptes domestiques…

– Notre ambassade en France, continua Peng, nous a appris le regrettable incident de la nuit dernière, dans cet entrepôt du sud de la France. Acceptez nos excuses sincères, Monsieur Grodaeg ; nous sommes nombreux à déplorer ce genre d'incident qui ne fait que compliquer les relations entre pays amis. Dans la mesure du possible, nous privilégions toujours les coopérations industrielles.

Nous sommes décidés à châtier les coupables, je comprends votre étonnement mais les responsables ont clairement dépassé le cadre des directives qui leur avaient été communiquées.

– J'ai encore besoin de votre aide, Monsieur Grodaeg. Beaucoup de gens, ici, sont déroutés par la tournure qu'ont prise les événements ; certains vont même jusqu'à vous en tenir responsable. Le carnage de la gare centrale, la corruption dévoilée d'une partie significative de la municipalité de Pékin, ont créé des remous et la vase est remontée à la surface. Je vous protégerai, Monsieur Grodaeg ; je l'ai déjà fait à plusieurs reprises, mais pour ce faire, j'ai besoin de votre coopération.

Peng passait aux menaces après lui avoir pleuré son aide.

– La carotte et le bâton… classique, se dit Grodaeg.

– Qu'attendez-vous de moi ?

Peng se dandinait sur son siège, mal à l'aise.

– Nous ne connaissons qu'une partie des équipements qui quittaient la France. Nous avons des raisons de penser que des équipements autres que…

– Que l'usine à gaz de combat ?

– Oui, c'est cela. Donc que d'autres équipements ont été mêlés aux livraisons. J'aimerais connaître la liste de ces équipements. C'est très important. Je vous en conjure. Nous obtiendrons un jour ou l'autre la réponse à cette demande, mais c'est aujourd'hui qu'il nous la faut.

Ou Peng jouait très bien la comédie, ou l'affaire était sérieuse… le ton final était devenu presque larmoyant.

Grodaeg ouvrit la portière :

– Je vais voir ce que je peux faire.

– Faites pour le mieux, Monsieur Grodaeg, il y va de votre intérêt également. Je vous attends… Prenez votre temps.

Retour du bâton... Peng savait trouver les mots qu'il fallait.

La sentinelle chinoise postée à l'entrée de l'ambassade le regarda rentrer à nouveau sans comprendre.

Briquet l'attendait dans le hall d'entrée, pour parler plus librement. Mike Prott était toujours dans son bureau; les Américains étaient associés dans cette affaire mais les vieux réflexes de méfiance n'avaient pas disparu pour autant. Ils décidèrent de faire quelques pas dans le jardin de la résidence.

Grodaeg informa Briquet de la demande de Peng. Briquet hésitait. Cette affaire avait pris des proportions qui le dépassaient de beaucoup et si tous les honneurs leur revenaient dans un premier temps, le moindre faux pas pouvait s'avérer désastreux pour la suite des événements, mais surtout pour leurs vieux os. Briquet ne souhaitait pas finir bêtement ses jours dans un placard parisien.

Grodaeg insista :

– Si on commence à demander des ordres à Paris, c'est foutu d'avance. Ils ont bien d'autres chiens à fouetter à présent, à démanteler le réseau sur lequel ils sont tombés. D'autre part, Peng a raison de souligner qu'il obtiendra finalement ces informations un jour ou l'autre et que leur contenu n'a rien de secret-défense pour nous. Je connais Peng depuis de longues années, il a toujours été correct et je pense que cela vaut le coup de risquer le paquet avec lui.

Si tu es d'accord, voici ce que je te propose : tu ne sais rien du contenu réel de ma discussion avec Peng. Tu me donnes seulement un jeu des documents saisis pour que je puisse travailler dessus. On pourra au pire t'accuser de m'avoir fait confiance. Après tout, je suis ton adjoint dans cette affaire!?

Ils firent un nouveau tour de jardin en silence. Briquet pesait le pour et le contre. Cette affaire était la chance de sa vie ; c'était idiot de risquer de tout remettre en cause pour faire plaisir à un autochtone.

– Je ne suis vraiment au courant de rien ? demanda-t-il finalement en rompant ce long moment de silence.

– Tu as ma parole d'honneur.

– Et si je ne croyais plus en la parole d'honneur ? lui demanda-t-il en souriant.

– Alors je ferais l'inverse, je te donnerais ma parole d'honneur que je n'ai jamais eu l'intention de remettre ces documents à Peng. Tu pourras crier ta bonne foi et moi je n'aurai rien renié puisque tu n'y crois pas.

Le sourire s'élargit sur le visage de Briquet :

– Tu es encore plus chinois que les Chinois ! Attends-moi là quelques secondes, je reviens.

Grodaeg ne le remercia pas. Un mot de trop ou un merci mal compris peuvent engendrer des regrets ou faire revenir sur une décision.

Briquet ressortit de l'ambassade au bout de quelques minutes.

– Voilà tes copies ! Fais-en bon usage. Je file rejoindre Annie, Dhonneur et Mike, ils doivent s'impatienter. Avec l'excuse que je leur ai fournie, ils vont tous croire que j'ai la dysenterie.

Grodaeg rejoignit Peng.

– Voici la liste des équipements que vous m'avez demandée. J'ai rajouté les quelques messages codés envoyés et reçus par votre équipe de réception du matériel en France. Je ne vous demande qu'une seule faveur en échange pour me couvrir : communiquez-moi la clé du code après lecture. Vous acceptez le marché ?

Peng ne réfléchit qu'un instant. Il tendit la main pour prendre les documents en hochant la tête. Grodaeg ne se faisait pas beaucoup d'illusion sur l'engagement que venait de prendre Peng mais il était toujours plus efficace de céder une part de marché avec une contrepartie.

Aucun trait du visage de Peng n'avait bougé mais Grodaeg le sentait tout de même satisfait et pressé de repartir. Il en profita pour tester ses réactions :

– J'attends donc de vos nouvelles et surtout des nouvelles de l'opération Légitimité.

Ce coup-ci, Peng accusa le coup :

– Vous savez cela aussi ! Je ne vous ai jamais sous-estimé, Monsieur Grodaeg mais là, vous me surprenez. Je vous donnerai dès que possible des nouvelles, je vous le promets. À bientôt.

Grodaeg repassa une nouvelle fois le portail de l'ambassade. Il attendait patiemment l'ouverture de la porte verrouillée donnant accès au bureau de Briquet quand son Excellence Monsieur l'Ambassadeur fit irruption dans le hall.

– J'espère que vous ne venez pas encore comploter contre la République avec le Colonel, lui jeta Sternant mi-figue mi-raisin. Vous avez lu la presse ce matin ? L'annonce de l'arrestation et des aveux du meurtrier était en première page. Vous voyez que nous avons eu raison de prendre une attitude conciliante. Les Chinois sont d'ailleurs sensibles au fait que nous nous soyons rangés à leurs sollicitations ; en contrepartie, ils ne nous tiennent apparemment pas rigueur des turbulences qui ravagent la municipalité de Pékin. Je connais les Asiatiques, Monsieur Grodaeg, le Chinois n'aime pas les confrontations, il aime les attitudes conciliantes et sait reconnaître votre effort. Il vous récompense alors sans effusion.

Grodaeg se contenta de lui sourire benoîtement. Sternant continua :

– Le dernier banquet en l'honneur de la délégation officielle sera donné ce soir. Il sera présidé par Monsieur Hu Bingtao qui, comme vous le savez, est considéré comme une des étoiles montantes du régime. Soit dit en passant, voilà encore une preuve du bien fondé de la politique que nous menons avec succès depuis plusieurs mois.

Le banquet aura lieu à Tiao Yu Tai, la résidence des hôtes étrangers; Nos amis chinois ont insisté pour que vous soyez inscrit sur la liste des participants; j'espère que vous serez des nôtres.

Il accepta avec un enthousiasme de circonstance l'aimable invitation de Sternant : un sourire crispé accompagné d'un clignement de paupières à la Louis de Funès…

Grodaeg bénit le bip sonore de l'ouverture automatique de la porte qui lui permit de mettre un terme à son entretien.

– Tu comprends, expliqua-t-il à Briquet, après qu'il l'eut rejoint dans son bureau, ce mec me tue. Quatsous a raison, il confond diplomatie et couardise. Pour plaire aux Chinois, c'est clair comme de l'eau de roche, il suffit de faire ce qu'ils nous invitent si gentiment à faire et de dire ce qu'ils nous suggèrent de dire… En remerciement, ils ne nous punissent pas d'avoir osé révéler qu'ils ont fait des bêtises. Quand les Chinois les récompensent avec des bribes de contrats, ce sont ces mêmes gens qui se plantent devant leur glace et qui s'extasient d'avoir enfin deux paires de couilles! Ils sont pas foutus de s'apercevoir que s'ils en ont quatre, c'est que quelqu'un les enc…!

– T'es bien de la graine de Quatsous! le calma Briquet, tu t'emballes pour pas grand chose. Dis plutôt au revoir à Mike, il retourne à son ambassade, il a du boulot : on vient d'avoir Huang au téléphone. Il a eu un pot monstre. Un de ses anciens copains travaillait pas loin de l'hôpital qu'on recherche. C'est une sorte de clinique privée spécialisée dans les soins aux victimes de la radioactivité. Elle est située au sein d'un terrain militaire dans lequel, justement, s'effectuent actuellement des travaux. Mike va demander quelques photos satellites ; si le ciel est dégagé, on ne devrait pas tarder à les avoir. Huang, quant à lui, reprend l'avion illico, il sera là en fin de soirée.

Mike une fois parti, Grodaeg mit succinctement Briquet au courant de sa dernière entrevue avec Peng.

Ils n'avaient plus qu'à attendre.

Lundi 17 h 30.
Tiao Yu Tai, Résidence des hôtes étrangers.

Le parc de la Résidence des hôtes étrangers brillait sous les derniers rayons du soleil couchant. Seules les couleurs étaient chaudes. La température avait pris un avant-goût d'hiver. Le contraste de la lumière crue et du froid intense évoquait la beauté de l'acier.

Les quatre hommes s'étaient réunis dans l'une des chambres située au-dessus de la salle du banquet. Li Mingzhang, l'un des neveux du vieux patriarche, tirait nerveusement sur sa énième cigarette... des Panda, la marque préférée de son oncle, le vieux Deng. Le général Meng, dans son uniforme de commandant des forces aériennes de la région nord, s'était assis pensif dans un des fauteuils. À l'autre bout de la table, Zhou tentait, tant bien que mal, de stopper son hémorragie nasale : il n'avait pas vu venir la baffe qui lui avait, une nouvelle fois, fait sauter les lunettes.

Avec un sifflement de rage, Hu jeta sur la table au milieu des autres documents la feuille de papier qu'il était en train de lire. Li se retourna brusquement :

– Je vous en prie ! Épargnez-nous vos mouvements d'humeur ! Après tout, tout est de votre faute. Vous avez lu les derniers rapports, nos dominos s'écroulent un à un. L'État-major de l'Armée de l'Air est déjà en grande partie sous les verrous. Une de mes cousines vient d'être appréhendée à l'aéroport. La seule qui ne soit pour rien dans cette affaire ! Ces imbéciles ont cru qu'elle cherchait à filer à l'étranger !

La police sera là d'un moment à l'autre pour m'arrêter. Et vous soupirez comme un martyr de la Révolution. Vous êtes quand même le plus chanceux de nous tous. Vous êtes simplement muté comme vice-gouverneur du Gansu ! Comme je vous connais, vous êtes encore capable de vous en tirer et de faire un come-back dans quelques années. Vous pourriez montrer plus de décence et penser à votre proche adjoint.

Il tapota amicalement la nuque de Chou :

– Lui n'a que peu de chance d'échapper à la balle dans la nuque.

Zhou hoqueta de terreur.

Li saisit une bouteille de maotai. Il arracha le bouchon avec les dents et s'emparant de quatre verres en servit une large rasade à chacun des présents.

– La partie est finie… Nous sommes hu…

Sa plaisanterie fit long feu. Hu était une expression du mahjong signifiant que la partie était terminée.

Il fut d'ailleurs le seul à vider d'un trait son verre. Il amassa les divers papiers qui traînaient sur la table puis les entassa dans la corbeille à papier. Il y versa le reste du maotai et y mit le feu.

Les documents brûlaient avec une jolie flamme bleue et une odeur douceâtre.

Li se servit d'une baguette pour remuer les cendres puis reprit son observation à la fenêtre.

– Les voilà, annonça-t-il simplement. Une longue limousine noire venait de s'arrêter devant le perron. D'autres véhicules prirent simultanément position aux quatre coins du bâtiment.

Plusieurs personnes venaient de pénétrer dans le pavillon.

– Tiens, voilà notre copain Peng, continua Li, il ne perd pas de temps ce pet-de-chien.

Peng fit irruption sans frapper dans la pièce, cinq hommes armés de pistolets mitrailleurs entrèrent à sa suite.

– Général Meng, Monsieur Li, si vous voulez bien nous suivre. Ces messieurs vont vous accompagner.

Toute résistance était inutile, et les questions superflues. Li se tourna vers Peng :

– Vous n'êtes qu'un imbécile. Vous vous croyez important et vous n'êtes qu'un pion aveugle. Vous n'êtes qu'en train de repousser la Chine des dizaines d'années en arrière. Vous êtes mort de trouille devant la Chine en marche ! Nous voulions la mettre sur les rails de l'avenir. Réjouissez-vous, vous l'avez fait dérailler.

– Le futur seul jugera, Monsieur Li. En attendant, votre train partait peut-être vers l'avenir mais vous laissiez trop de monde sur le quai de la gare. On va toujours plus vite en oubliant d'accrocher des wagons.

Peng sortit une grande enveloppe de la poche de son imperméable et la tendit à Hu.

– Le Bureau du premier ministre m'a chargé de vous remettre votre nomination officielle au titre de vice-gouverneur de la Province du Gansu. Une voiture vous attendra dès la fin du banquet avec vos hôtes français, pour vous mener chez vous puis à l'aéroport. Un vol spécial vous conduira ce soir à Lanzhou.

Chou, paralysé, observait la scène en silence, toujours assis à son bout de table. Sa frayeur avait au moins un avantage… son nez ne saignait plus.

Peng se tourna aimablement dans sa direction.

– Les ordres vous concernant ne devraient pas tarder. Je vous souhaite, dans l'intervalle, de passer un agréable dîner. À bientôt, Monsieur Chou.

Peng, sur ces mots, sortit rejoindre ses deux prisonniers. Le silence retomba sur la pièce, le rideau se refermait sans un applaudissement.

La file des voitures noires remontait lentement la petite allée plantée de saules. Elle ralentit encore pour croiser la procession de voitures et de minibus de la Délégation française.

Un des serveurs tapota obséquieusement sur la porte restée ouverte.

– Son Excellence l'Ambassadeur de France est déjà arrivé et vous attend dans le salon du bas.

Hu pivota lentement dans sa direction... Il jeta nonchalamment son enveloppe sur la table.

– Je descends... se contenta-t-il de répondre.

Lundi 18 heures.
Tiao Yu Tai, Résidence des hôtes étrangers.

Les deux minibus et quelques voitures particulières transportant les invités au banquet d'adieu s'étaient arrêtés devant le portail est de la Résidence des hôtes étrangers. Une des sentinelles vérifia rapidement les laissez-passer collés aux pare-brise. Le petit cortège s'engagea dans l'enceinte du parc abritant une quinzaine de pavillons de différentes tailles qui servaient encore, de temps à autre, à héberger un président étranger et sa suite. Le parc avait été entièrement remodelé à l'avènement de la République Populaire. Ses premières fondations dataient de la dynastie Qin. Il était ensuite tombé en décrépitude pour retrouver une nouvelle jeunesse sous la forme de cet énorme complexe de résidences dans lequel Mao lui-même avait l'habitude de recevoir ses hôtes. La colonne de véhicules s'immobilisa sur le perron d'une des bâtisses.

La voiture de l'ambassadeur, reconnaissable à son petit drapeau français flottant sur l'aile avant droite, garée à quelques pas, indiquait que son Excellence était déjà sur place, vraisemblablement accompagnée de Fites, Despierre et Beaumainate que Grodaeg n'avait pas vu monter dans les minibus… On ne mélangeait pas le GQG et la piétaille.

Deux grandes tables flanquées de fauteuils de velours rouge et recouvertes d'une fine nappe blanche brodée avaient été préparées dans un grand salon. Le premier plat, composé d'un assortiment de hors-d'œuvre froids, trônait déjà au centre de chaque table sur un énorme plateau tournant.

Dans un premier temps, les convives se dirigèrent vers un long salon latéral. Fites y siégeait déjà face à la porte, assis dans un fauteuil, à la droite de Hu Bingtao. Sternant se tenait penché à sa droite, un peu à la façon des gens qui cherchent à être sur la photo. Despierre hilare se tenait un peu à l'écart plus loin encore sur la droite. Lui, grâce à ses relations anciennes, avait eu droit à une entrevue privée avec le premier ministre et regardait donc avec une certaine condescendance cette agitation autour d'un prétendant vice-premier… Derrière eux, sur une chaise, l'interprète de la mission s'escrimait à traduire les platitudes d'usage.

Une trentaine de fauteuils avaient été disposés tout autour du salon, dont un épais tapis de Tianjin recouvrait le centre.

Tout ce monde prit place dans les fauteuils dont les accoudoirs étaient recouverts d'un petit napperon brodé à la mode de nos grand-mères. Des employées s'activèrent aussitôt pour apporter à chacun un grand verre en porcelaine rempli d'eau bouillante dans laquelle flottaient de longues feuilles de thé. Le supplice était double : il fallait arriver à boire un peu de ce breuvage sans avaler de feuilles amères et sans s'ébouillanter. La technique consistait à souffler délicatement sur la surface du liquide et à n'en absorber qu'une petite lampée légèrement filtrée grâce au rebord du couvercle, le plus simple était de laisser le verre de côté et de n'y toucher que lorsque les feuilles, lasses de flotter, s'étaient déposées au fond.

Le coup des fauteuils à napperons et du thé imbuvable faisaient partie d'un rituel immuable sans lequel la Chine n'aurait plus été la Chine.

Hu se leva soudain et entraîna Fites d'un pas rapide vers la salle du banquet. Sternant, qui avait fait l'erreur d'échanger quelques mots sur sa gauche avec Despierre, loupa le départ et dut courir derrière pour maintenir son rang dans l'ordre hiérarchique…

Hu était tout sauf souriant. Travailler avec lui ne devait pas être une partie de plaisir. Avec lui au Comité de salut public, Robespierre serait passé pour un séraphin. Il alliait la tendresse de la pierre à la douce chaleur d'un fluide glacial.

Une vingtaine de responsables du ministère du Commerce extérieur, des Affaires étrangères, de la Banque centrale et autres avaient profité du mouvement de foule pour s'insérer dans la masse des convives et prendre place autour de chaque table.

Un petit bristol posé sur chaque assiette indiquait les places. Grodaeg, qui aspirait pourtant à un peu de tranquillité, fut appelé à la première table d'honneur où Despierre venait de découvrir son nom tout près du sien… Un certain Monsieur Chou, Directeur à la Sécurité d'État les séparait.

– Monsieur Chou, comment allez-vous ! C'est un honneur de vous avoir à côté de moi !

– Pour moi, c'est un réel plaisir ! lui répondit Zhou avec son sourire si particulier qui ne pouvait se comparer qu'au crissement des ongles sur un tableau noir. Il avait dû se payer un accident de bicyclette… ses lunettes partaient de guingois et étaient toutes rafistolées… un des verres s'était même fêlé ! Son nez rougi tranchait avec son teint cireux.

Sans perdre un instant, Hu se leva pour entamer un discours. Tous les poncifs classiques dans ce genre de dîner y passèrent : la vieille amitié franco-chinoise, De Gaulle, les intérêts mutuels, les opportunités futures. Fites prit la parole à son tour et broda sur les mêmes thèmes vus sous un autre angle. La volonté de la France de participer au développement du pays, la comme-l'a-si-bien-dit-Monsieur-le-Ministre… la décision courageuse du Général De Gaulle… Aucune mention de Fournier…

c'eut été déplacé et de mauvais goût.

Grodaeg observait Zhou à la dérobée ; son visage impassible ne trahissait aucun sentiment – sauf à classer la dureté parmi les sentiments – mais ses mains serraient la nappe à s'en faire blanchir les phalanges. Une fine pellicule de sueur perlait à la surface de ses tempes. Grodaeg s'en fit la remarque car Zhou lui avait donné l'impression d'être de la race des animaux à sang froid.

Un énorme colosse survint à temps pour sauver la nappe que les ongles de Zhou n'allaient pas tarder à lacérer. Il s'avança jusqu'à la chaise de Chou ; c'était le genre poids moyen chez les sumos, les muscles de ses cuisses l'obligeant à marcher les jambes écartées ; son oreille droite laissait apparaître un écouteur de la taille d'une balle de ping-pong… Une bosse significative déformait le côté gauche de son costume par ailleurs légèrement étriqué, rajoutant une boursouflure supplémentaire à son embonpoint naturel. Si c'était un flingue, il devait être à la limite des armes lourdes.

Il glissa quelques mots à l'oreille de Zhou qui se leva sans même jeter un coup d'œil à ses voisins et sans attendre la fin, pourtant proche, du joyeux discours de Fites. Grodaeg vit distinctement, l'espace d'une seconde, le regard de Zhou croiser celui de Hu… Ce dernier resta de marbre… Ils devaient être de la secte des télépathes, se dit Grodaeg qui nota que Hu n'avait réagi que d'un léger battement des paupières.

Un torrent d'applaudissements salua la fin de l'allocution de Fites qui, en veine d'éloquence, portait un toast à l'amitié entre la France et la Chine. À force de l'arroser depuis plus de trente ans, on avait dû noyer le moteur…

Traductions obligent, une bonne vingtaine de minutes s'étaient consumées en belles paroles. Hu s'évertua aussitôt à rattraper le temps perdu… Le banquet fut expédié en moins de temps qu'il n'en faut à une colonne de fourmis carnivores pour nettoyer un cadavre de buffalo.

Les plats défilaient tellement vite que les assiettes s'entassaient devant les convives. Ceux-ci n'arrivaient plus à faire face aux toasts qui les obligeaient à lâcher leurs baguettes et aux nouveaux plats qui ne cessaient de s'accumuler. Le chef cuisinier avait dû promettre à sa femme d'être rentré pour 8 heures… Le banquet touchait à sa fin, quand Grodaeg eut la surprise de voir Peng s'asseoir à la place laissée vacante par Chou.

– Monsieur Zhou a eu un empêchement? lui demanda Grodaeg.

– Il se pourrait que ce soit un gros problème de santé, lui répondit Peng avec une franchise peu coutumière puis, pointant la tête en direction de Hu, il continua : lui aussi d'ailleurs. Vous trouverez des explications dans cette enveloppe. Je vous rends les documents que vous m'avez aimablement confiés avec leur traduction décodée… en gage de notre bonne foi… Nous souhaitons que vous compreniez que la Direction actuelle du pays n'est pas impliquée directement dans les événements qui nous préoccupent et qu'elle désapprouve leurs objectifs et les méthodes employées.

À l'autre bout de la table, Hu venait de se lever en serrant la main de Fites ; une belle image d'Epinal comme les aiment les journalistes de la presse du cœur. Hu ne s'était pas montré un interlocuteur très volubile et encore moins expansif. Il est vrai que sa présence seule suffisait à rassurer une communauté d'affaires tétanisée à l'idée de rater son entrée sur le marché le plus potentiel du siècle.

Les invités s'échangeaient des poignées de mains chaleureuses, promesses vibrantes de lendemains qui chantent…

Grodaeg prit congé de Peng puis le regarda s'approcher de Hu et l'escorter de manière rapprochée vers la sortie, sans même attendre que les derniers invités aient quitté la salle.

Il était à peine 19 h 30. Son Excellence Monsieur l'Ambassadeur, sentant peut-être planer comme un flottement au sein de sa troupe, proposa un dernier verre, dans les salons de sa résidence.

Il avait prononcé dernier verre sur un ton gouailleur qui passait mal dans sa bouche. Ses efforts pour faire peuple sonnaient aussi faux qu'un castrat dans un chœur de basses.

Grodaeg, pressé de découvrir le contenu de l'enveloppe que venait de lui remettre Peng, en aurait bien profité pour filer à l'anglaise et éviter cet alliciant programme mais la fuite était quasi impossible dans ce parc sous haute surveillance. Faisant contre mauvaise fortune bon cœur, il se joignit à la troupe et grimpa sagement dans l'un des minibus.

Une fois n'est pas coutume, Bonnemine, alias Madame l'Ambassadrice, avait sorti pour la circonstance son meilleur champagne et attendait ses invités à la porte de la résidence.

Grodaeg demanda discrètement au garde de l'entrée d'avertir Briquet qu'il apportait la recette du canard laqué... Devant l'air un peu ahuri du garde, il répéta son message et s'en fut rejoindre les autres invités au salon.

– Nous disions que malgré les événements fâcheux qui ont assombri cette mission, celle-ci peut néanmoins être considérée comme un succès qui ouvre d'excellentes perspectives pour les relations économiques et politiques entre nos deux pays.

– Qu'en pensez-vous, Commissaire ?

– Tout à fait ! parvint à articuler Grodaeg avec toute la conviction possible.

– Et qu'avez-vous pensé de Monsieur Hu ?

– Je pense que c'est un Monsieur qui doit avoir un tas de problèmes et qu'il aurait aimé être ailleurs qu'avec nous, ce soir, à ce repas. Je ne donne pas cher de sa peau.

Grodaeg vit les visages se décomposer. Se rendant compte de sa bourde, il tenta de se rattraper, en bafouillant :

– Je veux dire, cela arrive souvent avec ces hauts politiciens surchargés de travail. J'ai seulement voulu suggérer qu'il avait peut-être des soucis par ailleurs, mais rien à voir avec nos affaires.

Sternant prit son air le plus étonné et lança à l'assemblée

– Des soucis ? Alors là, je ne vois vraiment pas où vous allez chercher tout ça ! Il y a déjà assez de Quatsous et de Dusalon pour déformer toutes les informations ! Vous n'allez pas vous y mettre vous aussi !

Beaumainate émit un petit rire condescendant.

– Il m'est apparu, à moi, comme un homme sérieux et pondéré. Comme chacun le sait, Monsieur Hu devrait être promu très prochainement au poste de premier ministre. Je ne vous confie pas de secret ; la rumeur est sur toutes les lèvres… et c'est lui qui a été choisi pour saluer notre délégation ! Ce choix est plus que significatif. En ne choisissant pas le premier ministre lui-même mais son futur remplaçant, les Chinois nous indiquent clairement leur intention de placer notre coopération dans la durée. Ils sont très forts ces Chinois…

Fites se précipita également à la rescousse. L'affaire était sérieuse… mettre ainsi en doute la réussite de cette mission exceptionnelle qui ne manquerait pas d'avoir des retombées substantielles sur les relations entre les deux pays…

– Je crois également que c'est le caractère de cet homme que nous connaissons encore très mal. À moi, il m'est apparu comme quelqu'un de très ouvert et de très réceptif. Avec, par dessus le marché, une mémoire absolument stupéfiante ; il s'est rappelé m'avoir rencontré, il y a de ça plus de 30 ans, alors que j'étais ministre du Général… C'est fabuleux n'est-ce pas ! Ces gens sont extraordinaires ! Sa dernière phrase a été de me dire qu'il se tenait à ma disposition et que je pouvais le contacter à ma convenance. Vous voyez, c'est là l'un des mérites de ce genre de mission : cela vous ouvre des canaux de communication privilégiés qui sont autant d'artères vitales à nos relations bilatérales futures, avec des gens qui sont, eux, appelés à jouer un rôle dans ce pays et non pas des acteurs prêts à quitter la scène.

Et vlan ! Un petit pavé, en passant, dans la mare de Despierre qui plastronnait avec son premier ministre finissant.

Grodaeg s'était à nouveau désintéressé de la discussion et de leurs chamailleries dignes d'une classe de maternelle. Après sa sortie impertinente, il se sentait à peu près sûr de ne plus être interrogé.

L'ambassadeur, voyant sans doute sa réserve de champagne fondre trop rapidement, jugea que la soirée avait assez duré.

– Je sais, Monsieur le ministre, que vous devez encore vous lever tôt demain matin….

Tout ce petit monde se dirigea lentement vers la porte.

Lundi 21 heures.
Ambassade de France en Chine.

Briquet les attendait à la porte de l'ambassade. Il les fit entrer dans son bureau où ils retrouvèrent Dhonneur, lui aussi au rendez-vous. Grodaeg leur narra l'arrivée de Peng au dîner et ouvrit l'enveloppe. Il partagea les documents entre toutes les personnes présentes qui se mirent à les consulter en se les repassant. Peng avait bien fait les choses, chaque document avait été décodé et traduit en anglais.

De temps à autre, un petit sifflement d'étonnement ou des ouaf exclamatifs fusaient et venaient troubler la lecture.

Au bout d'un moment, Briquet disposa les documents qui avaient effectué le tour de lecture sur son bureau, au fur et à mesure de leur arrivée :

– Je les ai classés par ordre chronologique et regroupés en fonction de leur contenu. Il est clair que nous nous trouvons devant deux opérations conjointes mais distinctes : l'opération Réunification et l'opération Légitimité. Tous les documents concernant la première opération n'ont pas été traduits. Peng et ses supérieurs ne souhaitaient évidemment pas nous éclairer trop en détail sur cette opération en cours. Toutefois, le nom choisi et le matériel impliqué ne laissent que peu de doute sur les objectifs visés… Il s'agit sans aucun doute possible d'une opération associée à un plan de reconquête militaire de Taïwan; l'usine à gaz étant l'une des armes clef de l'opération. Peng ne nous a pas vraiment fourni la solution, la clé du cryptage, mais s'il s'agit d'un code logique nous parviendrons peut-être à déchiffrer les documents restants.

L'opération Légitimité est plus floue et semble être purement domestique : plusieurs entités sont impliquées à un titre ou à un autre et j'avoue ne pas saisir la stratégie qui se cache derrière tout ce bazar.

Grodaeg prit la parole :

– Cela me semble être tout simplement la préparation d'un coup d'État...

– La plupart des noms sont en code, continua Briquet, mais il va nous suffire d'attendre pour comprendre qui sont les personnes visées. On ne devrait pas tarder à voir les copains de Peng réagir. La tuerie de la gare montre bien la détermination de chaque partie, cela risque de tirer dans tous les coins. Reste à savoir qui va avoir le dernier mot.

– On peut déjà en avoir une idée et mettre quelques noms sur la liste, l'interrompit Grodaeg, Peng m'a clairement indiqué que Hu et Zhou faisaient partie du complot et la façon dont les choses se sont déroulées au cours du dîner indique que les amis de Peng semblent avoir le contrôle de la situation. Il est manifeste maintenant que nous avons assisté, en direct, à l'arrestation de Hu et de mon ami Chou, au cours du banquet. Les copains du peintre réunis à mon intention au musée doivent également être dans leurs petits souliers, à l'heure qu'il est.

– Dites donc ! Entre ça et la municipalité de Pékin, on avait vraiment mis les pieds dans le plat sans le savoir ! s'écria Annie encore sous le choc.

Pour un premier voyage en Chine, on peut dire qu'elle était servie. Elle avait contribué à remplir au moins deux morgues et un camp de concentration.

Grodaeg la rassura... à moitié.

– Ce n'est pas sûr que les deux s'additionnent. Si le Maire a la chance de pouvoir rallier le clan gagnant, il sauvera peut-être sa peau. On va inévitablement assister à des jeux d'alliances et de pouvoir qui ne vont pas être piqués des hannetons.

Les conspirateurs doivent être en fuite ou sur la défensive. Où en sont les roquettes ?

– Quelque part entre les îles Andaman et Nicobar, en direction du détroit de Malacca. Le bateau a été repéré et reste sous la surveillance des Américains. Je subodore que la marine attend l'ordre de l'arraisonner, mais la décision est du ressort du Président. La dernière fois que les Américains ont osé aborder un navire marchand chinois, le fiasco a été complet. Le cargo arraisonné s'est révélé vide et les Chinois ont émis des protestations auprès de l'ONU et fait un foin de tous les diables dans toutes les chancelleries. Le Pentagone et la Maison Blanche doivent se tâter avant d'entreprendre une nouvelle expédition…

– Si un groupe ou un autre utilise ces roquettes, le scandale retombera inévitablement in fine sur les Américains, expliqua Dhonneur.

– Je ne suis pas vraiment sûr que ce chargement arrive à destination, laissa entendre Briquet sur un ton énigmatique. Bon, c'est pas le tout ! J'ai encore du boulot pour une bonne partie de la nuit… Il va falloir que j'envoie tout ça à Paris.

– Tu veux un coup de main ? proposa Grodaeg.

– Vous m'embarrasseriez plutôt qu'autre chose. Allez, les tourtereaux ! Foutez-moi le camp ! Merci pour votre aide Annie, je passerai demain à l'aéroport pour vous dire au revoir. Je souhaite sincèrement que votre prochain voyage soit plus calme et que nous nous revoyions dans des circonstances moins dramatiques !

Tout le monde se fit les bises d'usage et chacun regagna ses pénates à l'exception de Briquet qui s'attela à sa console de travail… La nuit serait encore longue pour lui.

Mardi 29 octobre 1996, 0 h 30.
Hôtel Jingguang. Chambre 933.

Annie posa ses pieds sur la poitrine de Grodaeg, lui grattant les pectoraux avec les gros orteils. Grodaeg lui rendait la pareille en lui chatouillant le derrière des oreilles avec ses doigts de pied.

L'eau du bain était bouillante et les avait plongés dans une douce torpeur. La baignoire était tout juste assez profonde et Grodaeg avait dû boucher le trop-plein pour ne pas avoir la moitié du corps hors de l'eau. Ils avaient laissé la douche couler dans le bain, conservant ainsi une température et un niveau constants. L'eau débordait et ruisselait doucement sur le carrelage. Heureusement, les salles de bains d'Asie étaient toutes équipées d'une évacuation d'eau à l'intention des visiteurs japonais qui avaient l'habitude de se laver hors de la baignoire en inondant copieusement le sol.

Annie et Grodaeg savouraient ces minutes de relaxation complète. L'eau n'était agitée que par leurs légers mouvements de pieds et par le vortex créé par la pomme de la douche perdue dans les profondeurs du bain... Une buée lourde s'était collée aux glaces et sur les carrelages... Ce bain à la Thermidor leur donnait des couleurs dignes des meilleurs homards.

– Qu'est-ce qu'on est venu faire dans cette galère, lui demanda-t-elle, en s'efforçant de maîtriser son souffle comme si parler lui demandait déjà de terribles efforts. Pauvre Fournier... Pourquoi est-il mort exactement? Récapitule-moi un peu les événements pour que je sois sûre de comprendre ce qui nous est exactement arrivé.

– C'est assez simple en définitive : Zhou et sa bande ont appris vos intentions de remuer la vase de leur projet, grâce à Denise Goulet. L'arrivée des roquettes était une question de jours. L'opération Légitimité était donc sur le point de démarrer, il fallait juste gagner du temps. Ces gens ne sont pas étouffés par les scrupules. La décision de vous éliminer, Fournier et toi, est tombée immédiatement. Tu as eu la chance de ne pas être dans ta chambre… Fournier a été moins veinard.

– Denise Goulet ?

– Elle n'était que leur agent commercial. Je ne pense pas qu'elle ait participé de son plein gré à l'assassinat de Fournier. J'ose espérer qu'ils l'ont seulement contrainte à assister au meurtre pour s'assurer de sa coopération future. Mais Denise te voyant encore en vie et prenant conscience de la gravité de la situation a paniqué. Elle a décidé de quitter la Chine sur le champ, mais ses complices ne pouvaient pas la laisser en liberté. Elle savait trop de choses. Ils lui ont injecté une dose de strychnine ou d'un autre produit de ce cru durant le vol, l'autopsie nous éclairera peut-être.

Ils se sont ensuite efforcés de nous aiguiller sur la piste d'une municipalité de Pékin corrompue. Peut-être même cela servait-il leurs intérêts en déstabilisant un de leurs opposants… qui sait ?

Le problème s'est encore corsé quand ils ont appris qu'une jeune fille avait assisté à l'assassinat de Fournier et que je m'apprêtais à la rencontrer à la gare centrale. Là, je ne sais pas ce qui a pu se passer entre eux mais une chose est sûre, les événements ont très mal tourné et ont dégénéré en un effroyable carnage.

Nous avons dû apporter les pièces manquantes à Peng avec notre descente sur l'entrepôt et les documents saisis. Voilà comment je vois les choses.

– Et que va-t-il se passer maintenant ?

– Maintenant ? S'il nous reste un peu de forces, il faut que nous nous rincions… lui répondit Grodaeg en embrassant délicatement la première plante de pied qui passait à sa portée.

Déséquilibrée, Annie faillit boire la tasse et chercha à se venger en saisissant la pomme de douche, en vue d'arroser abondamment l'importun. Grodaeg poussa un cri strident… de saisissement… ce n'était pas le tuyau de douche qu'elle venait de saisir.

La suite fut confuse mais la salle de bain était parfaitement nettoyée quand ils en sortirent, enlacés et riant.

Mardi 1 h 20.
Hôtel Jingguang. Chambre 1033.

Xiao Shen bailla à s'en décrocher la mâchoire. Il regarda sa montre ; son service ne prendrait pas fin avant cinq ou six heures. La télé passait un vieux western américain en noir et blanc, muet pour la circonstance.

Il jeta un coup d'œil sur les divers instruments qui clignotaient devant lui. Ses écouteurs lui renvoyaient les sons confus captés dans la chambre, au-dessous de lui. Le micro de la salle de bain, sans doute gorgé d'eau, n'envoyait plus que des signaux noyés de parasites.

Xiao Shen s'évertuait à filtrer du mieux qu'il le pouvait les bruits de conversation qui lui parvenaient encore. Il ne comprenait rien à cette langue et se demandait si le résultat sur la bande serait compréhensible.

– Qu'est-ce qu'ils peuvent bien foutre tout ce temps dans un bain ! se demanda Xiao Shen. Ça va faire plus d'une heure qu'ils barbotent dans leur jus.

L'homme poussa un cri qui résonna dans ses écouteurs. Le cri fut suivi d'un bruit de lutte et d'éclaboussements. Sa mission n'était pas d'intervenir mais Xiao Shen resta néanmoins attentif au moindre bruit. Sa tension retomba net quand la femme éclata de rire. La bataille d'eau reprit de plus belle… entrecoupée de rires et de cris. Le son se déplaça ensuite vers les micros de la chambre.

Xiao Shen capta le bruit d'un marmonnement sensuel puis le bruit caractéristique de ressorts de lit lourdement sollicités. Le reste ne fut plus que borborygmes, gloussements, grincements, soupirs feutrés, cris étouffés.

Les yeux fermés, Xiao Shen essayait de reconstituer le spectacle à partir des éléments sonores qui lui parvenaient aux oreilles. Un bruit de course suivi d'un lugubre grincement de la literie le laissa perplexe.

Un halètement entrecoupé de petits gémissements aigus résonna à ras du micro 2, celui caché sous la moquette au pied du lit.

Par trois fois, Xiao Shen les crut exténués, par trois fois ils ressuscitèrent pour repartir de plus belle.

L'extinction des feux sonna vers trois heures.

Xiao Shen était éreinté. Son bas-ventre n'était plus qu'une boule de feu après les effets ravageurs du priapisme auquel il avait été contraint. Il s'écroula peu après eux sur ses appareils.

Mardi 29 octobre 1996, 10 heures.
Aéroport de la capitale.

L'aéroport était, comme à son habitude, le théâtre d'un désordre sans nom.

Les voitures n'y accédaient qu'au compte-gouttes. Un policier dépareillé, la cigarette aux lèvres, tentait sans trop y croire de dégager les dizaines de véhicules abandonnés au bord du trottoir par leurs propriétaires peu scrupuleux ou porteurs de passe-droits.

La queue aux machines de contrôle électronique des bagages s'étalait jusqu'au hall d'entrée dans un enchevêtrement indescriptible de chariots. L'ambiance était néanmoins bon enfant et les enregistrements se faisaient difficilement mais dans la bonne humeur.

Les comptoirs d'Air France étaient assaillis de toutes parts par une horde de voyageurs hétéroclites ; une tribu africaine immanquable dans ses boubous multicolores essayait de passer par dessus un groupe de touristes du pays berrichon que le séjour en Chine avait rendu stoïques et philosophes.

Le chef d'escale parlementait avec le chef de la tribu devant la montagne de ballots de toile que ce dernier cherchait à enregistrer.

Plus loin, écrasés par la cohue, les rescapés de la mission défendaient chèrement leur tour au guichet Première et Classe Affaires, face à une colonne de marins chinois partant pêcher sur les côtes lointaines. Fites et Despierre avaient réussi à échapper à cette avanie grâce à leur statut privilégié et devaient déjà se prélasser dans le salon d'attente.

Un peu plus à l'écart, une joyeuse bande composée de Grodaeg, Dhonneur, Briquet, Quatsous, Cochisi, Hiamat et Huang commentaient en direct les derniers mètres de la course d'Annie Coulomb vers le comptoir d'enregistrement. Tous avaient tenu à venir la saluer pour son départ. Elle se moquait de leurs quolibets, se contentant de leur renvoyer un sourire désarmant.

Elle parvint finalement au comptoir. La suite ne fut plus qu'un jeu d'enfant et elle les nargua, brandissant sa carte d'embarquement et son passeport, souriante et radieuse…

Les joyeux lurons se contentèrent de lui montrer l'énorme queue qui l'attendait encore au contrôle des visas et des passeports. La sentant proche de l'évanouissement, ils la soutinrent de leur mieux jusqu'au bout de l'épreuve.

Elle en sortit victorieuse et exulta.

– Rien de tel que la poésie pour rester zen ! J'ai plané au-dessus de la foule en me récitant ces vers de Lu Shiyi :

Que tu viennes d'Auvergne ou bien de Normandie
Du levant, du ponant, du nord ou du midi,
Que tu parles Guo Yu, coréen, japonais,
La langue de Shakespeare ou celle du Zhi Jiang
Quelle que soit la vie que tu veuilles mener
T'enivrer d'armagnac, champagne ou gaoliang
Que tu sois vagabond, musicien, missionnaire
Montreur de marionnettes ou même fonctionnaire
Joueur de balle au pied, amateur de mah jiang
Il n'est dans toute l'Asie qu'un lieu où fréquenter
Dans ta quête obstinée de la félicité
C'est dans Pékin ville avec l'unique ami Huang.

Annie finit de déclamer sous les acclamations de ces collégiens incorrigibles qui lui tendirent alors chacun une joue pour une bise d'adieu bien méritée, jurant sur tous les classiques confucéens de ne plus se laver de huit jours pour en conserver l'ineffable empreinte. Ils la suivirent des yeux jusqu'à ce qu'elle disparaisse dans la foule des passagers.

Hiamat gratifia Grodaeg d'une énorme claque dans le dos.

– Cela vaut bien une bonne bouffe, n'est-ce pas ?

La résolution passa dès le premier tour à l'unanimité. Ils respirèrent un grand coup et tentèrent la retraversée du hall d'enregistrement en apnée. Ils parvinrent rouges et congestionnés à la sortie pour tomber nez à nez sur son Excellence, Monsieur l'Ambassadeur, revenant d'accompagner ses amis Fites et Despierre...

Sternant les toisa d'un regard navré.

– Encore parmi nous quelques jours, Monsieur Grodaeg ?

– Oui, Monsieur l'ambassadeur bafouilla maladroitement Grodaeg sous les ricanements de ses amis, je n'ai pas eu beaucoup de temps pour me consacrer à mes propres affaires.

Sternant lui serra chaleureusement la main, avant de monter dans sa voiture.

– Vous avez tous mes encouragements. Rappelez-vous ce que nous a dit Monsieur Hu, hier... le pays offre un potentiel énorme et le climat n'a jamais été aussi bon pour les affaires. Profitez-en, Monsieur Grodaeg, c'est dans ces moments de stabilité et de croissance qu'il faut investir ! Bon courage et n'hésitez pas à venir me voir si vous avez besoin d'aide. Je bénéficie de l'estime de mes interlocuteurs chinois, comme vous avez pu vous en apercevoir... Je vais vous confier un secret, Monsieur Grodaeg. Je crois qu'il faut beaucoup aimer ce pays si l'on veut bien le comprendre. Et je vais vous faire une dernière confidence... L'autre jour, je relisais tous les télégrammes que j'ai transmis à Paris depuis que j'ai pris mes fonctions à Pékin. Et bien, croyez-moi, à la relecture, aujourd'hui, je n'en changerai pas un iota... Sauf peut-être pour les rajouts et les altérations que j'ai eu la faiblesse parfois d'accorder à mes proches collaborateurs. Vous m'êtes sympathique, Monsieur Grodaeg et je crois que vous aussi, vous aimez ce pays. Ne faites pas l'erreur de trop écouter le chant des sirènes ou des faux prophètes.

Ils restèrent au garde-à-vous sur le trottoir le temps de voir la limousine disparaître dans le trafic... consternés, hésitant entre l'envie d'en pleurer ou d'en rire. Ils préférèrent finalement en rire... jusqu'aux larmes !

Mercredi 30 octobre 1996, 0 h 34.

Le B2 avait décollé ses 170 tonnes quelques heures auparavant de la base d'Okinawa. Ses feux s'étaient graduellement éteints et l'aile volante avait été absorbée par la nuit froide et sans nuage.

L'avion s'était vite stabilisé à sa vitesse de croisière. La routine s'était installée à bord, chacun s'affairant à ses tâches sous la lumière blafarde des instruments de bord.

Le capitaine restait vigilant aux commandes. L'avion survolait une zone hostile et malgré son caractère furtif, il n'était pas à l'abri d'une détection fortuite. La probabilité était faible mais existait.

Une lumière verte s'alluma sur son tableau de bord. Son ordre de mission lui indiquait précisément les huit chiffres du code à entrer. L'ordinateur enregistra le message puis transmit au missile l'ensemble des données précédemment computées. L'ordre de tirer venait de s'afficher à l'écran. Le pilote tapa les quatre chiffres suivants et patienta. Les chiffres complémentaires viendraient de Washington. Un bouton rouge se mit à clignoter sous l'écran de contrôle. L'ordre venait d'être confirmé. Le pilote appuya sur le bouton.

Un léger frémissement secoua la carlingue. L'Air Launched Cruise Missile se détacha de l'appareil. C'était le dernier cri de sa génération : furtif comme son avion porteur, entièrement autonome grâce à ses équipements de navigation TERCOM, il glissa vers le sol attendant l'altitude désirée pour lancer son statoréacteur. Seul un ordre d'autodestruction pouvait encore le stopper.

Le B2 poursuivait sa route sur son nouveau cap, sans plus se soucier du missile largué.

La routine reprit une nouvelle fois le dessus. Quelques avions de lignes traçaient des arabesques sur les écrans de surveillance… Le commandant songea à ces centaines de passagers assoupis… Un autre monde ?

La nuit était encore noire quand l'ordinateur de bord signala l'entrée de la deuxième cible dans le champ d'action. Le radar de bord montra quatre autres navires aux alentours de l'objectif mais suffisamment à l'écart pour ne pas interférer. L'un des quatre navires devait d'ailleurs avoir la tâche ingrate de signaler l'objectif et de permettre son affichage à l'écran.

Le pilote transmit une nouvelle fois les coordonnées de la cible et attendit le feu vert pour déclencher son tir. Une nouvelle fois, un missile se détacha gracieusement de l'aile volante, se profilant sans un bruit au milieu de la nuit.

Le premier missile fracassa l'usine chimique en construction à 0 h 17 précises. L'impact se situa à un mètre du point de chute idéal. L'implosion souffla la structure en érection, réduisant le réacteur chimique en un amas informe de tôles inox déchiquetées et de moignons pitoyables. L'hôpital, situé à moins d'un kilomètre, n'eut à souffrir que de bris de vitres et d'un début de panique.

Le cargo explosa à 3 h 54. La superstructure se scinda en deux comme une noix à la hauteur du château. Les containers, situés sur le pont supérieur, rompirent leurs amarres et se déversèrent dans la mer. La poupe s'enfonça la première à peine quelques minutes après l'explosion. La proue sembla hésiter quelques instants puis se dressa à la verticale pour s'enfoncer doucement dans les flots.

Seuls cinq marins réussirent à plonger et à s'agripper à des épaves. Ils furent secourus trois heures plus tard par un cargo panaméen venu à la rescousse… à la grande surprise du radio qui, ayant déserté son poste pour un moment, n'avait pourtant pas pu envoyer de message de détresse.

La coque et les containers reposent sur le plateau continental, par mille trois cents mètres de fond.

Jeudi 31 octobre 1996.

AFP. 11 h 34. Flash spécial : L'agence Chine-Nouvelle vient d'annoncer une réunion extraordinaire du Bureau politique du Comité central du Parti ainsi que de profonds remaniements au sein de la Direction du Parti, du Gouvernement et de l'Armée.

Messieurs Hu Bingtao et Qing Feng ont été démis de leurs fonctions au sein du Bureau permanent. Quatre autres membres du Bureau politique sont sanctionnés. L'État-Major de l'Armée de l'Air est entièrement renouvelé ainsi que la Direction de la Propagande et du ministère de la Sécurité d'État.

Le Comité Central, dont la réunion est prévue dans les jours qui viennent, devra entériner ces changements pour lesquels aucune explication n'a encore été donnée.

REMERCIEMENTS

À Mesdames Jeanne Marcuse,
pour sa relecture attentive
et Corinne Karpouzos,
pour son assistance informatique.

Achevé d'imprimer
sur les presses de
l'Imprimerie France Quercy
113, rue André Breton
46001 CAHORS
d'après montages et gravure
numériques
(Computer To Plate)
Dépôt légal : août 1997
Numéro d'impression : 71387